SV

Ronald Dworkin
Religion ohne Gott

Aus dem Amerikanischen
von Eva Engels

Suhrkamp

Titel der Originalausgabe:
Religion without God
Die Originalausgabe in englischer Sprache, die dieser Über-
setzung zugrunde liegt, erschien erstmals 2013
bei Harvard University Press

Copyright © 2013 by Ronald Dworkin

Bibliografische Information der Deutschen Nationalbibliothek
Die Deutsche Nationalbibliothek verzeichnet diese Publikation
in der Deutschen Nationalbibliografie;
detaillierte bibliografische Daten sind im Internet
über http://dnb.d-nb.de abrufbar.

2. Auflage 2014

Erste Auflage 2014
© der deutschen Ausgabe Suhrkamp Verlag Berlin 2014
© 2013 by Ronald Dworkin
Druck: Pustet, Regensburg
Printed in Germany
ISBN 978-3-518-58606-8

Für Tom – der mich in die Geheimnisse
des säkularen Naturells eingeweiht hat.

Und für Reni – auf ewig.

Inhalt

Editorische Notiz

Dieses Buch basiert auf den Einstein Lectures, die Ronald Dworkin im Dezember 2011 an der Universität Bern gehalten hat. Er hatte vor, seine in den Vorlesungen angestellten Überlegungen in den nächsten paar Jahren noch erheblich zu erweitern, aber im Sommer 2012 erkrankte er, und es blieb ihm nur noch die Zeit, den ursprünglichen Text an einigen Stellen zu überarbeiten, bevor er im Februar 2013 starb. Der Verlag dankt insbesondere Hillary Nye, einer Doktorandin an der NYU School of Law, die bei der Vorbereitung des Textes zur Publikation wertvolle Hilfe geleistet hat. Die Arbeit von Professor Dworkin wurde von der Filomen D'Agostino and Max E. Greenberg Foundation der NYU School of Law unterstützt.

1
Religiöser Atheismus?

Einleitung

Religion ist etwas Tieferes als Gott – das ist das Thema dieses Buches. Religion ist eine sehr grundlegende, spezifische und umfassende Weltsicht, die besagt, dass ein inhärenter, objektiver Wert alles durchdringt, dass das Universum und seine Geschöpfe Ehrfurcht gebieten, dass das menschliche Leben einen Sinn und das Universum eine Ordnung hat. Der Glaube an einen Gott ist nur eine der möglichen Manifestationen oder Konsequenzen dieser tieferen Weltsicht. Im Lauf der Geschichte haben Götter natürlich einer ganzen Reihe von menschlichen Zwecken gedient: Sie versprachen ein Leben nach dem Tod, boten eine Erklärung für Stürme und Unwetter und standen uns zur Seite im Angesicht unserer Feinde. Doch zentral für ihre anhaltende Beliebtheit ist die ihnen unterstellte Fähigkeit gewesen, der Welt Wert und Sinn zu verleihen. Die Überzeugung, dass Werte auf einen Gott gründen, setzt jedoch voraus, wie ich hier zeigen will, sich zuvor auf die unabhängige Wirklichkeit von Werten festgelegt zu haben. Und diese Festlegung steht auch Nichtgläubigen frei. Das bedeutet, dass die Theisten mit manchen Atheisten in etwas übereinstimmen, das grundlegender ist als alles, was sie trennt, und vielleicht den Ausgangspunkt für eine bessere Verständigung zwischen ihnen bilden könnte.

Die uns allen geläufige harte Unterscheidung zwischen religiösen und nichtreligiösen Menschen ist zu grob.

Viele Millionen Menschen, die sich als Atheisten verstehen, machen Erfahrungen und hängen Überzeugungen an, die denen, welche Gläubige als »religiös« bezeichnen, ähneln und ebenso tiefschürfend sind. Sie sagen, dass sie, obschon sie nicht an einen »personalen« Gott glauben, nichtsdestotrotz davon überzeugt sind, dass es im Universum eine »Macht« gibt, die »größer ist als wir«. Sie verspüren die unausweichliche Verantwortung, ihr Leben auf gute Weise zu führen und die Leben anderer Menschen entsprechend zu achten. Ein aus ihrer Sicht gelungenes Leben erfüllt diese Menschen mit Stolz, wohingegen manche von ihnen gelegentlich untröstlich sind, wenn sich ein Leben im Rückblick als ein vertanes herausstellt. Sie sind vom Grand Canyon nicht einfach nur beeindruckt, sondern halten ihn für ein atemberaubendes und fast schon unheimliches Wunder der Natur. Die neuesten Entdeckungen der Kosmologie stoßen nicht nur auf ihr Interesse, sondern schlagen sie in ihren Bann. All dies ist für sie mehr als eine unmittelbare und ansonsten nicht weiter erklärbare Reaktion ihrer Sinnesorgane. Sie verleihen der Überzeugung Ausdruck, dass die Kraft oder Macht und das Wunderbare, das sie wahrnehmen, ebenso wirklich sind wie Planeten oder Schmerzen, und dass moralische Wahrheiten und die Wunder der Natur nicht nur Achtung und Ehrfurcht in uns hervorrufen, sondern fordern.

Diese vielschichtige Grundhaltung wurde wiederholt in berühmten und sehr poetischen Beschreibungen artikuliert, zum Beispiel von Albert Einstein, der sich als zutiefst religiös beschrieb, obwohl er Atheist sei:

Das Wissen um die Existenz des für uns Undurchdring-
lichen, der Manifestationen tiefster Vernunft und leuch-
tendster Schönheit, die unserer Vernunft nur in ihren
primitivsten Formen zugänglich sind, dies Wissen und
Fühlen macht wahre Religiosität aus; in diesem Sinn und
nur in diesem gehöre ich zu den tief religiösen Menschen.[1]

Auch Percy Bysshe Shelley erklärte, er sei ein Atheist, der
dennoch fühle, wie der »unsichtbaren Macht erhabener
Schatten [unter uns] schwebt«.[2] Philosophen, Historiker
und Religionssoziologen haben Theorien religiöser Erfahrung entwickelt, die Raum für einen religiösen Atheismus
lassen. William James war der Ansicht, dass Religion zwei
wesentliche Komponenten habe. Eine davon sei das tiefe
Gefühl, es gebe »Dinge im Universum«, die »sozusagen
den Schlußstein legen und das letzte Wort haben«.[3] Aus
Sicht der Theisten füllt ein Gott diese Rolle aus, wohingegen ein Atheist denken kann, dass die Verantwortung, ein
gutes Leben zu führen, das letzte Wort hat beziehungsweise den Schlussstein legt und dass diese Verantwortung
in nichts verankert ist oder sein muss, das noch grundlegender wäre.

Gerichte müssen immer wieder entscheiden, was »Religion« im juristischen Kontext bedeuten soll. Als zum
Beispiel der US-amerikanische Kongress Männern, deren
Religion ihnen den Militärdienst verbietet, die Möglichkeit
einräumte, diesen aus Gewissensgründen zu verweigern,

---

1 Siehe Albert Einstein, *Mein Weltbild*, hg. v. Carl Seelig, Berlin 2005,
 S. 12.
2 Siehe Percy Bysshe Shelley, »Hymne an die geistige Schönheit«, in:
 Ders., *Ausgewählte Werke*, Frankfurt/M. 1990, S. 87.
3 Siehe William James, *Der Wille zum Glauben und andere Populärwis-
 senschaftliche Essays*, Stuttgart 1899, S. 27.

musste der Oberste Gerichtshof der Vereinigten Staaten entscheiden, ob diese Begründung auch für einen Atheisten gelten soll, dessen moralische Überzeugungen ebenfalls nicht mit dem Militärdienst vereinbar sind. Er hat entschieden, dass sie gilt.[4] In einem anderen Fall, in dem es um das in der Verfassung garantierte Recht auf freie Religionsausübung ging, erklärte das Gericht im Rahmen des Urteils, in den Vereinigten Staaten würden zahlreiche Religionen gedeihen, die keinen Gott anerkennen, unter anderem eine vom Gericht als »säkularer Humanismus« bezeichnete Bewegung.[5] Außerdem verwenden wir das Wort »Religion« inzwischen oft in Kontexten, die nichts mit Göttern oder Mächten, die sich unserem Verständnis entziehen, zu tun haben, etwa wenn wir sagen, dass die Amerikaner aus ihrer Verfassung eine Religion machen oder dass für manche Menschen Baseball eine Religion ist. Das sind natürlich beides metaphorische Verwendungsweisen von »Religion«, aber sie scheinen weniger von einem Glauben an Gott zu zehren, als vielmehr von einer tiefen Hingabe allgemeinerer Natur.

---

4 Vgl. *United States v. Seeger*, 380 U.S. 163 (1965).
5 Siehe *Torcaso v. Watkins*, 367 U.S. 488 (1961), Fn. 11: »Zu den Religionen dieses Landes, deren Lehren nichts von dem enthalten, was üblicherweise als Glaube an die Existenz Gottes verstanden wird, zählen unter anderem der Buddhismus, der Taoismus, die Ethische Bewegung und der säkulare Humanismus. Vgl. *Washington Ethical Society v. District of Columbia*, 101 U.S. App. D.C. 371, 249 F. 2d 127; *Fellowship of Humanity v. County of Alameda*, 153 Cal. App. 2d 673, 315 P. 2d 394; *Encyclopaedia of the Social Sciences II*, S. 293; *Encyclopaedia Britannica 4* (1957 ed.) S. 325 ff.; 21 id., S. 797; John Clark Archer, *Faiths Men Live By*, 2., von Carl E. Purinton überarbeitete Ausgabe, New York 1958, S. 120-138, S. 254-313; *World Almanac* (1961) S. 695, 712; sowie *Year Book of American Churches for 1961*, S. 29, 47«.

»Religiöser Atheismus« ist also kein Oxymoron, so überraschend das auch sein mag; die Religion ist nicht auf den Theismus beschränkt, nur weil wir das Wort üblicherweise so verwenden. Aber der Ausdruck könnte trotzdem Verwirrung stiften. Wäre es im Interesse der Verständlichkeit nicht schlicht besser, das Wort »Religion« für den Theismus zu reservieren und Menschen wie Einstein oder Shelley als »empfindsame« oder »spirituelle« Atheisten zu bezeichnen? Bei genauerem Hinsehen zeigt sich jedoch, dass es letztlich zu größerer Klarheit führt, wenn wir das Hoheitsgebiet der Religion erweitern, weil dadurch hervortritt, wie bedeutsam die Gemeinsamkeiten sind. Richard Dawkins zufolge ist Einsteins Wortwahl tatsächlich »auf verhängnisvolle Weise missverständlich«,[6] da es im Sinne der Klarheit nötig sei, eine klare Trennlinie zu ziehen zwischen der Überzeugung, das Universum werde von fundamentalen physikalischen Gesetzen regiert, was Einstein wohl auch gemeint habe, und der Vorstellung, es werde von etwas »Übernatürlichem« gelenkt, die das Wort »Religion« Dawkins zufolge nahelegt.

Einstein meinte aber weit mehr, als dass das Universum durch die Gesetze der Physik geordnet ist; und in einer wichtigen Hinsicht kann man in der oben zitierten Passage durchaus ein Bekenntnis zu etwas Übernatürlichem sehen. Die ihm zufolge von uns nur als schwacher Abglanz erreichbare Schönheit und Erhabenheit sind nicht Teil der Natur, sondern etwas *jenseits* von ihr, das wir selbst dann nicht werden erfassen können, wenn wir noch die allerfundamentalsten Gesetze der Physik endlich verstanden haben. Einstein glaubte fest daran, dass das Universum von

---

6 Richard Dawkins, *Der Gotteswahn*, Berlin 2007, S. 33.

einem transzendenten und objektiven Wert durchdrungen ist, der weder ein Naturphänomen noch eine subjektive Reaktion auf ein Naturphänomen ist. Deshalb bestand er darauf, sich als religiös zu bezeichnen. Er hielt das für die treffendste Beschreibung dieses seines Glaubens.

Wir sollten daher Einstein seine Selbstbeschreibung zugestehen, den Gelehrten ihre weitgefassten Kategorien und den Richtern ihre Auslegungen. Mit Religion, so sollten wir sagen, ist nicht notwendig ein Glaube an einen Gott gemeint. Wenn es nun aber so ist, dass jemand religiös sein kann, ohne an einen Gott zu glauben, was heißt es dann, religiös zu sein? Was unterscheidet eine religiöse Einstellung zur Welt von einer nichtreligiösen? Das ist schwer zu beantworten, weil »Religion« ein interpretativer Begriff ist:[7] Diejenigen, die ihn verwenden, sind darüber uneins, was genau er bedeutet; indem sie ihn verwenden, legen sie sich darauf fest, was er bedeuten *sollte*. Gut möglich also, dass Einstein, als er sich als religiös bezeichnete, etwas anderes im Sinn hatte als William James, als dieser bestimmte Erfahrungen als religiös einstufte, oder als die Richter des Obersten Gerichtshofs, als sie befanden, dass auch atheistische Überzeugungen zu den religiösen zählen können. Im Lichte dessen sollten wir uns fragen, welches Verständnis von Religion für unsere Zwecke am aufschlussreichsten wäre und daher übernommen werden sollte.

Bevor wir uns sogleich an die Beantwortung dieser drängenden Frage machen, sollten wir einen Moment innehalten, um uns bewusst zu machen, vor welchem Hin-

---

7 Vgl. hierzu Ronald Dworkin, *Gerechtigkeit für Igel*, Berlin 2012, Kap. 8.

tergrund wir uns mit diesem Thema befassen. Religionskriege sind, wie Krebs, ein Fluch, der auf unserer Spezies lastet. Überall auf der Welt bringen Menschen andere Menschen um, weil sie deren Götter hassen. In weniger von Gewalt geprägten Gegenden wie den Vereinigten Staaten werden religiöse Auseinandersetzungen auf allen Ebenen der Politik ausgefochten, von den Präsidentschaftswahlen bis hinunter zu den lokalen Schulbehörden. Am leidenschaftlichsten bekämpfen sich dabei nicht die Anhänger verschiedener Konfessionen gottesfürchtiger Religionen, sondern strenggläubige Menschen und die von ihnen als unmoralische Heiden betrachteten Atheisten, denen sie ein tiefes Misstrauen entgegenbringen und deren wachsende Zahl sie als Gefahr für die moralische Gesundheit und Integrität der politischen Gemeinschaft ansehen.

Religiöse Eiferer haben in Amerika – zumindest aktuell – großen politischen Einfluss. Die sogenannte religiöse Rechte ist ein nach wie vor stark umworbener Wählerblock. Und dass die politische Macht der Religion eine, allerdings nicht vergleichbare, Gegenreaktion hervorrufen würde, war vorherzusehen. Der militante Atheismus ist zwar politisch machtlos, kommerziell aber enorm erfolgreich. Obwohl ein offen atheistischer Kandidat keine Chance hätte, in den Vereinigten Staaten in ein wichtiges Amt gewählt zu werden, verkaufte sich Richard Dawkins' Buch *Der Gotteswahn* millionenfach, und in den Buchläden Amerikas türmen sich Dutzende anderer Werke, die Religion als Aberglaube verdammen. Noch vor wenigen Jahrzehnten waren Bücher, die Gott lächerlich machen oder seine Existenz für absurd erklären, eine Seltenheit. Mit Religion meinte man die Bibel, und niemand hielt es der

Mühe wert, die zahllosen Unstimmigkeiten der biblischen Schöpfungsgeschichte herauszuarbeiten. Heute ist das anders. Manche Akademiker widmen ihr ganzes Forscherleben der Widerlegung von etwas, das einst unter ihren nun begeisterten Lesern als zu albern galt, um es überhaupt der Widerlegung wert zu sein.

Wenn es gelingen sollte, Religion und Gott auseinanderzudividieren – wenn wir zu fassen bekämen, worin die religiöse Sichtweise wirklich besteht und warum sie ein übernatürliches Wesen weder erforderlich macht noch voraussetzt –, könnten wir jenen Scharmützeln vielleicht wenigstens etwas von ihrer Hitzigkeit nehmen, indem wir zwischen wissenschaftlichen Fragen und Wertfragen unterscheiden. Bei den Religionskriegen, die heute ausgefochten werden, handelt es sich in Wirklichkeit um Kulturkriege. Es geht nicht nur um wissenschaftliche Positionen – darum, was die beste Erklärung für die Entwicklung unserer Spezies ist, zum Beispiel –, sondern grundlegender um den Sinn des menschlichen Lebens und darum, was es bedeutet, ein gutes Leben zu führen. Wir werden sehen, dass es aus Gründen der Logik erforderlich ist, die wissenschaftliche Komponente orthodoxer theistischer Religionen von ihrer Wertkomponente zu trennen. Wenn wir das mit all der gebotenen Sorgfalt tun, werden wir feststellen, dass sie vollkommen unabhängig voneinander sind: Der Bereich der Werte hängt nicht von der Existenz oder der Wirkungsgeschichte irgendeines Gottes ab – und kann auch gar nicht davon abhängen. Wenn wir das einsehen, graben wir den genannten Kriegen das Wasser ab, und zwar massiv und sowohl mit Blick auf ihr Ausmaß als auch mit Blick auf ihre Bedeutung. Sie wären schlicht keine Kulturkriege mehr. Natürlich ist das ein utopisches

Ziel: Blutige wie unblutige Religionskriege zeugen von Hassgefühlen, die zu tief sitzen, um auf philosophische Argumente anzusprechen. Aber vielleicht kann ein bisschen Philosophie doch helfen.

Was ist der metaphysische Kern der Religion?

Was nun sollen wir als eine religiöse Haltung oder Einstellung gelten lassen? Ich werde versuchen, diesbezüglich einen recht abstrakten und daher ökumenischen Vorschlag zu entwickeln. Eine religiöse Haltung erkennt die vollständige und eigenständige Wirklichkeit von Wert(en) an. Darüber hinaus beinhaltet sie, die folgenden zwei grundlegenden Werturteile für objektiv wahr zu halten: Erstens, dass das menschliche Leben einen objektiven Sinn oder eine objektive Bedeutsamkeit hat. Jeder Einzelne von uns hat eine angeborene und unausweichliche Verantwortung, danach zu streben, sein Leben zu einem erfolgreichen zu machen, das heißt: ein gutes Leben zu führen, also anzuerkennen, dass man sich selbst gegenüber in ethischer Hinsicht und Anderen gegenüber in moralischer Hinsicht verpflichtet ist, und dies nicht nur, weil oder falls wir es zufällig für wichtig halten, sondern weil es an sich wichtig ist – ob wir so denken oder nicht. Dem zweiten Urteil zufolge ist das, was wir »Natur« nennen – das Universum als Ganzes und in all seinen Teilen –, nicht nur ein Tatsachenzusammenhang, sondern selbst erhaben: intrinsisch wertvoll und ein Wunder. Zusammengenommen verkünden diese zwei umfassenden Werturteile, dass inhärente Werte in beiden Dimensionen des menschlichen Lebens – der biologischen und der biografischen – zu finden sind.

Wir sind Teil der Natur, weil wir körperliche Wesen mit einer begrenzten Lebensdauer sind: Unser physisches Leben findet in der Natur statt und zehrt von ihr. Weil wir uns aber als Gestalter unserer Leben begreifen und Entscheidungen treffen müssen, die in der Summe Auskunft darüber geben, was wir aus unserem Leben gemacht haben, stehen wir zugleich außerhalb der Natur.

Für viele Menschen beinhaltet Religion viel mehr als diese beiden Werte. Viele Theisten denken beispielsweise, dass bestimmte gottesdienstliche Pflichten hinzukommen. Ich werde aber die beiden genannten – den intrinsischen Sinn des Lebens und die intrinsische Schönheit der Natur – als paradigmatisch für eine im vollen Sinne religiöse Einstellung zum Leben betrachten. Dabei handelt es sich nicht um Überzeugungen, die man irgendwie abspalten könnte. Sie affizieren die gesamte Persönlichkeit eines Menschen, prägen unser Erleben und rufen Stolz, Reue und Begeisterung in uns hervor – und für diese Begeisterung spielt eine gewisse Rätselhaftigkeit eine wichtige Rolle. William James schrieb:

> So wie die Liebe, wie die Wut, die Hoffnung, der Ehrgeiz, die Eifersucht, so wie jedes andere instinktive Verlangen und Bemühen, bringt auch [die Religion] einen Zauber ins Leben, der nicht rational oder logisch ableitbar ist.[8]

Dieser Zauber beruht auf der Erkenntnis, dass etwas, was ansonsten vergänglich und leblos erscheint, einen transzendenten Wert besitzt.

Aber wie können religiöse Atheisten wissen, was sie

---

8 William James, *Die Vielfalt Religiöser Erfahrung. Eine Studie über die Menschliche Natur*, Frankfurt/M., Leipzig 1997, S. 80.

über die diversen Werte behaupten, denen sie anhängen? Wie können sie mit der Welt der Werte in Kontakt treten, um die eine oder andere vielleicht tollkühne Behauptung zu überprüfen, die ihnen am Herzen liegt? Während sich die Gläubigen auf die Autorität eines Gottes berufen können, scheinen die Atheisten ihre Überzeugungen schlicht aus der Luft zu greifen. Es ist nötig, dass wir uns nun etwas genauer mit der Metaphysik von Werten befassen.[9]

Zur religiösen Einstellung gehört es, den Naturalismus abzulehnen. Mit Naturalismus meine ich eine sehr verbreitete metaphysische Position, der zufolge nur das real ist, was von den Naturwissenschaften, die Psychologie eingeschlossen, untersucht werden kann. Das bedeutet: Nichts existiert, was nicht entweder Materie oder Geist ist; so etwas wie ein gutes Leben, Gerechtigkeit, Grausamkeit oder Schönheit hingegen gibt es genau genommen nicht wirklich. Richard Dawkins brachte es auf den naturalistischen Punkt, als er mit Blick auf den immer wieder mit Shakespeare beziehungsweise Hamlet vorgetragenen Einwand – »Es gibt mehr Dinge zwischen Himmel und Erde, Horatio, als Eure Schulweisheit sich träumt« – als wissenschaftlich angemessene Antwort vorschlug: »Ja, aber wir arbeiten daran.«[10]

Manche Naturalisten sind Nihilisten, die alle Werte für eine Illusion halten. Andere denken zwar, dass Werte in einem gewissen Sinne existieren, definieren sie aber auf eine Weise, die ihnen jede unabhängige Existenz abspricht, nämlich als vollkommen abhängig von mensch-

---

9 Ich erörtere diesen Einwand genauer in meinem Buch *Gerechtigkeit für Igel,* Kap. 2.

10 Vgl. Richard Dawkins, *Der Entzauberte Regenbogen. Wissenschaft, Aberglaube und die Kraft der Phantasie,* Reinbek 2002, S. 11 f.

lichen Gedanken oder Reaktionen. Ein bestimmtes Verhalten als gut oder richtig zu beschreiben, so behaupten sie beispielsweise, bedeute lediglich, dass mehr Menschen *de facto* ein angenehmeres Leben hätten, wenn sich alle entsprechend verhalten würden. Analog dazu würde die Aussage, dass dieses oder jenes Gemälde schön ist, einfach nur besagen, dass es Menschen im Allgemeinen Vergnügen bereitet, es anzuschauen.

Die religiöse Einstellung steht quer zu allen Spielarten des Naturalismus. Sie beharrt darauf, dass Werte wirklich und grundlegend sind, nicht bloß Manifestationen von etwas anderem. Sie sind so wirklich wie Bäume oder Schmerzen. Ebenfalls unvereinbar ist die religiöse Haltung zudem mit einer weiteren, wenn auch sehr anderen Position, die man Begründungsrealismus oder bedingten Realismus (*grounded realism*) nennen könnte. Diese unter Philosophen ebenfalls sehr verbreitete Sichtweise geht zwar davon aus, dass Werte real sind und unsere Werturteile objektiv wahr sein können, aber nur unter der – möglicherweise falschen – Voraussetzung, dass wir neben unserem eigenen Vertrauen in unsere Werturteile gute Gründe haben, zu glauben, dass wir Wahrheiten über Werte entdecken können.

Es gibt verschiedene Varianten dieser Position; eine ist eine Form von Theismus, die unsere Befähigung zu Werturteilen auf einen Gott zurückführt. (Wir werden in Kürze sehen, dass hier die Begründungsrichtung falsch ist.) Gemeinsam ist allen Varianten der Gedanke, dass Werturteile nur dann jemals stichhaltig sein können, wenn es einen unabhängigen Grund zu der Annahme gibt, dass Menschen zu stichhaltigen moralischen Urteilen in der Lage sind – unabhängig deshalb, weil dieser Grund nicht seinerseits auf dieser Fähigkeit beruht. Dadurch wird aber der Status von Werten zu einer Geisel der Biologie oder der Metaphysik gemacht. Nehmen wir an, es tauchten unwiderlegbare Belege dafür auf, dass unsere faktischen moralischen Überzeugungen allein aufgrund der evolutionären Anpassung so sind, wie sie sind, was sicher nicht ihr Wahrsein erforderte. Wir hätten dann keinen Grund zu der Annahme, dass Grausamkeit wirklich falsch ist. Wenn wir jedoch glauben, dass sie es ist, müssen wir davon ausgehen, auf eine andere Weise »in Kontakt mit« moralischer Wahrheit zu stehen.

Die religiöse Einstellung beinhaltet, die Welt der Werte auf viel grundsätzlichere Weise von den Tatsachen, die unsere Naturgeschichte oder Psychologie betreffen, zu trennen. Unser Urteil, dass Grausamkeit falsch ist, kann durch nichts anderes entkräftet werden als durch ein solides moralisches Argument, dem zufolge sie doch nicht falsch ist. Wir fragen: Aus welchem Grund sollten wir annehmen, dass wir zu stichhaltigen Werturteilen in der Lage sind? Ein Realismus, der kein Begründungsrealismus ist, antwortet: Aus dem einzig möglichen Grund, den es für eine solche Annahme gibt – wir denken verantwortungsvoll über unsere moralischen Überzeugungen nach und finden sie überzeugend. Wir halten sie für wahr und glauben daher, zur Wahrheitsfindung in der Lage zu sein. Wie können wir die Hypothese widerlegen, dass es sich bei all unseren Wertüberzeugungen um sich wechselseitig stützende Illusionen handelt? Hier lautet die Antwort: Wir verstehen diese Hypothese in der einzigen Weise, in der sie überhaupt nur verständlich ist. Sie unterstellt, dass wir keines unserer Werturteile angemessen moralisch untermauern können. Diese Unterstellung widerlegen wir, indem wir moralische Argumente für einige unserer moralischen Urteile liefern.

Um es zu wiederholen: Die religiöse Haltung beharrt auf der vollen Unabhängigkeit der Werte; die Welt der Werte gilt ihr als autark und selbstbeglaubigend. Muss sie darum aufgrund von Zirkularität disqualifiziert werden? Ich gebe zu bedenken, dass wir unsere Erkenntnisfähigkeit in keinem intellektuellen Bereich auf schlussendlich nichtzirkuläre Weise validieren können. In den Naturwissenschaften verlassen wir uns zur Beglaubigung unserer Urteile auf Experiment und Beobachtung, die ihrerseits nur kraft der Wahrheit grundlegender Annahmen über Verursachung und Optik verlässlich sind, die wir wiederum rein wissenschaftlich untermauern und nicht im Rückgriff auf etwas noch Elementareres. Und natürlich beruhen alle unsere Urteile über die Beschaffenheit der externen Welt noch grundsätzlicher auf der von uns allen geteilten Annahme, dass es eine externe Welt gibt – eine Annahme, die von der Wissenschaft selbst nicht validiert werden kann.

Wir halten es für schlechterdings unmöglich, den elementaren mathematischen Wahrheiten und den erstaunlich komplexen Wahrheiten, die Mathematiker bewiesen haben und so wir sie überhaupt verstehen, keinen Glauben zu schenken. Wir können aber weder jene elementaren Wahrheiten noch die Methoden der mathematischen Beweisführung von einem Standpunkt außerhalb der Mathematik beweisen. Eine unabhängige Bestätigung scheint uns nicht notwendig zu sein: Wir wissen, dass wir eine angeborene Befähigung zur Logik und zur mathematischen Wahrheitsfindung haben. Aber worauf beruht dieses Wissen? Nur auf der Tatsache, dass wir in diesen Bereichen

Überzeugungen ausbilden, die wir schlicht nicht von uns weisen können, selbst wenn wir es versuchen. Darum müssen wir eine solche Befähigung besitzen.

Dass wir davon ausgehen, diese grundlegenden wissenschaftlichen und mathematischen Befähigungen zu haben, ist, so könnten wir sagen, im Grunde eine Sache des Glaubens. Und der religiösen Einstellung zufolge sind unsere Werte auf dieselbe Weise zu bejahen, nämlich indem wir sie ebenfalls und letztlich als eine Sache des Glaubens betrachten. Ein Unterschied sticht nun aber sofort ins Auge: Es gibt allgemein akzeptierte Kriterien für gute wissenschaftliche Argumente und gültige mathematische Beweise, nicht aber für die moralische oder sonst wie geartete Begründung eines Werturteils. Im Gegenteil herrscht große Uneinigkeit darüber, ob etwas gut, richtig, schön oder gerecht ist. Verfügen wir damit im Bereich der Wissenschaft und der Mathematik über eine externe Beglaubigung unserer Fähigkeiten, die uns im Bereich der Werte fehlt?

Die Antwort lautet Nein, denn Konsens taugt in keinem Bereich als externe Validierung. Gerechtfertigt werden die Prinzipien der wissenschaftlichen Methode, zu denen auch gehört, dass Beobachtungen intersubjektiv bestätigt werden müssen, eigentlich nur durch die Wissenschaft, die von diesen Methoden erst hervorgebracht wurde. In der Wissenschaft hängt, wie bereits erwähnt, alles mit allem zusammen, und das gilt auch für die Überzeugung, es sei wichtig, Beobachtungen intersubjektiv zu bestätigen. Nichts außerhalb von ihr selbst stützt diese Überzeugung. Im Bereich der Logik und der Mathematik liegen die Dinge noch einmal anders. Ein Konsens bezüglich der Gültigkeit eines komplexen mathematischen Arguments *beweist* keineswegs, dass es tatsächlich stichhaltig ist. Was würde geschehen, wenn sich die Menschheit nicht länger einig wäre, welche mathematischen oder logischen Argumente gültig sind? Eine grauenhafte Vorstellung! Wir wären dem Untergang geweiht, aber in der uns verbleibenden Zeit gäbe es trotzdem keinen guten Grund zu bezweifeln, dass fünf und sieben zusammen zwölf ergeben. Bei den Werten stellt sich die Lage wiederum anders dar. Wenn Werte etwas Objektives sind, dann ist es für die Wahrheit eines bestimmten Werturteils oder dafür, ob wir eine Verantwortung haben, es für wahr zu halten, irrelevant, ob wir uns hinsichtlich dieses Urteils einig sind. Die Erfahrung zeigt wohl oder übel, dass die Menschheit in der Lage ist, enorme Meinungsverschiedenheiten im Hinblick auf moralische, ethische oder ästhetische Wahrheiten zu überleben. Für die religiöse Haltung ist Dissens kein wirkliches Problem.

Ich habe gerade gesagt, dass die religiöse Einstellung letztlich auf Glauben beruht. Dabei ging es mir vor allem darum, deutlich zu machen, dass das auch für die Naturwissenschaften und die Mathematik gilt. In all diesen Bereichen akzeptieren wir als finale Entscheidungsinstanz darüber, was wir verantwortungsvoll zu glauben berechtigt sind, nicht die Absegnung durch eine unabhängige Verifikationsmethode, sondern eine Gewissheit, die wir als unumstößlich empfinden. Diese Art von Glauben geht weit über passive Akzeptanz der begrifflichen Wahrheit hinaus, dass wir unsere Wissenschaft, unsere Logik und unsere Werte nicht ohne Rückgriff auf Wissenschaft, Logik und Werte rechtfertigen können. Wir halten diese Welten für wirklich und sind fest davon überzeugt, dass zwar jedes unserer Urteile falsch sein könnte, wir aber ein

Recht darauf haben, sie für richtig zu halten, wenn wir auf ausreichend verantwortungsbewusste Weise über sie nachgedacht haben.

Im speziellen Fall der Werte meint Glauben jedoch mehr als das, weil unsere entsprechenden Überzeugungen uns zugleich emotional binden. Selbst wenn sie sämtliche Kohärenztests und systemimmanente Prüfungen bestanden haben: Sie müssen sich auch richtig anfühlen, uns gewissermaßen emotional überzeugen. Sie müssen uns als ganze Person ergreifen. Theologen sagen oft, dass der religiöse Glaube als Überzeugungserfahrung ganz eigener Art erlebt wird. Rudolf Otto bezeichnete diese Erfahrung in einem ausgesprochen einflussreichen Buch als das »Numinose«[11] und beschrieb sie als eine Art Glaubenserkenntnis. Mein Punkt ist, dass es sich bei Wertüberzeugungen ebenfalls um komplexe, emotionale Erfahrungen *sui generis* handelt. Im zweiten Kapitel werden wir sehen, dass Wissenschaftler auf die unfassbare Größe des Weltalls und die erstaunliche Komplexität atomarer Teilchen auf eine Weise emotional reagieren, die Ottos Beschreibung überraschend gut entspricht. Einige von ihnen verwenden sogar das Wort »numinos«, um ihren entsprechenden Gefühlen Ausdruck zu verleihen. Das Universum erfüllt sie mit Ehrfurcht und lässt sie fast schon erschauern – eine aus ihrer Sicht völlig angemessene emotionale Reaktion.

Wenn ich in diesen Zusammenhängen von Glauben spreche, will ich damit natürlich nicht sagen, dass jedes Mal, wenn eine moralische Überzeugung den Reflexionsprozess »überlebt« hat, diese Tatsache an sich bereits

---

11 Rudolf Otto, *Das Heilige. Über das Irrationale in der Idee des Göttlichen und sein Verhältnis zum Rationalen*, München 2013, S. 6.

ein Argument für ihre Wahrheit darstellt. Zu glauben, sie sei wahr, ist schlicht ein psychologisches Faktum, und nur ein Werturteil kann für ihre Wahrheit sprechen. Und selbstverständlich meine ich auch nicht, dass Werturteile letztlich bloß subjektiv sind. Unsere starke Überzeugung, dass Grausamkeit falsch ist, ist eine Überzeugung, dass Grausamkeit wirklich falsch ist. Wir können diese Überzeugung nicht haben, ohne zu denken, dass sie objektiv wahr ist. Die Rolle anzuerkennen, die solche als unwiderstehlich empfundenen Gewissheiten in unserer Erfahrung von Werten spielen, trägt einfach nur der Tatsache Rechnung, dass wir solche Überzeugungen haben, dass sie einer verantwortungsvollen gedanklichen Prüfung standhalten können und dass wir, in Abwesenheit weiterer Beweise oder Argumente, keinerlei Grund haben, an ihrer Wahrheit zu zweifeln.

Einige Leserinnen und Leser wird das nicht überzeugen. Wenn es richtig ist, dass wir unsere Werturteile lediglich mithilfe anderer Werturteile verteidigen können und uns letzten Endes einfach zu dem ganzen Repertoire entsprechender Urteile bekennen müssen, dann, so sagen Sie womöglich, ist unser Pochen auf objektive Wahrheit nur ein Pfeifen im Walde. Bei diesem durchaus geläufigen Einwand handelt es sich aber nicht um ein Argument gegen eine religiöse Weltsicht, sondern nur um deren Zurückweisung. Der Einwand leugnet bereits die Grundannahmen dieser Einstellung und führt bestenfalls eine Pattsituation herbei. Wenn das also Ihr Einwand ist, haben Sie einfach keine religiöse Weltsicht.

Ich habe bereits einige Gründe dafür genannt, die von mir beschriebene Haltung als religiös zu bezeichnen und anzuerkennen, dass ein religiöser Atheismus kein Ding der Unmöglichkeit ist. Zum einen geht es mir darum, besser zu verstehen, warum so viele Menschen sagen, sie hätten trotz ihres Atheismus, und nicht zusätzlich zu diesem, das starke Gefühl, dass das Leben Wert, Sinn und etwas Geheimnisvolles hat, warum sie also ihre Werturteile auf diese Weise mit denen konventioneller Religionen in Verbindung bringen. Außerdem hoffe ich, einen Begriff von Religion zu entwickeln, der uns dabei helfen kann, die weitverbreitete Überzeugung besser zu verstehen, dass Menschen ein besonderes Recht auf Religionsfreiheit haben. Darum wird es im dritten Kapitel gehen. Als Nächstes will ich nun aber versuchen, einen weiteren, komplexeren Grund dafür herauszuarbeiten, warum die hier erörterte Haltung als eine religiöse zu betrachten ist. Theisten verstehen ihren Werterealismus als einen bedingten Realismus. Es sei Gott gewesen, so ihre Auffassung, der sie mit dem Sensus für Werte – sowohl für die Verantwortlichkeiten im Leben als auch für die Wunder des Universums – ausgestattet habe und der diese Werte auch beglaubige. Tatsächlich muss ihr Realismus aber in letzter Konsequenz ein unbedingter sein. Gerade durch die radikale Unabhängigkeit der Werte von jeglicher Historie, und sei es die göttliche, ist ihr Glaube als solcher verteidigbar.

Den Kern meines Arguments bildet die folgende Annahme: Die herkömmlichen, theistischen Religionen, mit denen die meisten von uns vertraut sind – das Judentum, das Christentum und der Islam –, setzen sich aus zwei Komponenten zusammen: einem wissenschaftlichen Teil und einem Werteteil. Im wissenschaftlichen Teil werden Antworten auf wichtige Tatsachenfragen gegeben, die die Entstehung und Geschichte des Universums, den Ursprung des menschlichen Lebens und das Leben nach dem Tod (ob es das gibt oder nicht) betreffen. Diese Antworten besagen, dass ein allmächtiger und allwissender Gott das Universum erschaffen hat, über die Leben der Menschen richtet, ein Leben nach dem Tod garantiert und auf Gebete reagiert. Selbstverständlich bin ich nicht der Meinung, dass diese Religionen Argumente für die Existenz und das Wirken ihres Gottes anbieten, die wir als wissenschaftlich einstufen würden. Ich will lediglich sagen, dass viele Religionen in diesem Teil Aussagen darüber machen, was der Fall ist, sowie über historische oder aktuelle Ursachen und Wirkungen. Manche Gläubigen verteidigen solche Behauptungen mit Argumenten, die sie für wissenschaftlich halten; andere bekunden, ihre Überzeugungen seien eben Glaubenssache oder verweisen auf die heiligen Schriften. Ich nenne diese Tatsachenbehauptungen allesamt »wissenschaftlich« kraft ihres Inhalts und nicht kraft ihrer Begründung.

Im Wertebereich einer konventionellen theistischen Religion findet sich ein ganzes Sortiment von Überzeugungen darüber, wie wir unser Leben gestalten und was wir wertschätzen sollten. Einige von ihnen sind direkt auf Gott bezogen, das heißt, sie beruhen auf der Annahme, dass Gott existiert, und wären andernfalls sinnlos. Hierzu gehören gottesdienstliche Pflichten, Gebetsvorschriften und Gehorsam gegenüber dem Gott der jeweiligen Religion. Daneben gibt es aber auch religiöse Wertvorstellungen, die nicht in dieser Weise auf Gott bezogen, jedenfalls formell nicht vom Glauben an einen Gott abhängig sind. Das gilt für die beiden Werturteile, die ich als paradigmatisch für eine religiöse Haltung beschrieben habe. Religiöse Atheisten glauben nicht an einen Gott und lehnen daher sowohl den wissenschaftlichen Teil konventioneller Religionen ab als auch die sich daraus ergebenden auf Gott bezogenen Verpflichtungen, zum Beispiel den Gottesdienst. Sie stimmen aber zu, dass es objektiv wichtig ist, wie man sein Leben führt, und denken, dass jeder Mensch von Haus aus eine unveräußerliche ethische Verantwortung hat, ein den Umständen entsprechend möglichst gutes Leben zu führen. Sie glauben auch, dass die Natur nicht nur eine Sache von irgendwelchen Teilchen ist, die über eine sehr lange Zeit hinweg irgendwie zusammengewürfelt wurden, sondern etwas intrinsisch Wunderbares und Schönes.

Der wissenschaftliche Teil konventioneller Religionen kann nicht das Fundament für den Werteteil bilden, weil – um es schon vorwegzunehmen – sie begrifflich voneinander unabhängig sind. Sinn und Wert können dem menschlichen Leben nicht einfach deshalb zukommen, weil es einen liebenden Gott gibt. Das Universum kann nicht intrinsisch schön sein, weil es geschaffen wurde, um schön zu sein. Jedes Urteil darüber, ob das menschliche Leben einen Sinn hat oder ob die Natur voll von Wundern ist, beruht letzten Endes nicht allein auf einer deskriptiven Wahrheit, und sei sie noch so erhaben oder geheimnisvoll, sondern auf noch fundamentaleren Werturteilen. Es führt kein Weg von den Geschichten über die Entstehung des Firmaments oder des Himmels und der Erde oder der Tiere des Meeres und des Waldes, der Freuden des

Paradieses oder der Flammen der Hölle, der Teilung irgendeines Meeres oder der Auferstehung von den Toten zum bleibenden Wert von Freundschaft und Familie, zur Bedeutsamkeit von Wohltätigkeit oder zur Erhabenheit eines Sonnenuntergangs; und auch nicht dazu, dass das Universum uns Ehrfurcht gebietet, oder gar zu der Pflicht, einem Schöpfergott zu huldigen.

Sie werden in diesem Buch keine Argumente gegen die wissenschaftlichen Aussagen der traditionellen abrahamitischen Religionen finden. Es geht mir nicht darum zu zeigen, dass es keinen personalen Gott gibt, der den Himmel geschaffen hat und seine Geschöpfe liebt. Ich behaupte lediglich, dass es für die Wahrheit religiöser Werturteile irrelevant ist, ob es einen solchen Gott gibt. Wenn er existiert, kann er womöglich Menschen in einen Himmel oder eine Hölle schicken. Aber er ist nicht imstande, richtige Antworten auf moralische Fragen zu kreieren oder das Universum mit einer Herrlichkeit auszustatten, die ihm ohne sein Zutun abgehen würde. In der Verteidigung solcher Werturteile kann die Existenz oder das Wesen eines Gottes nur als eine Tatsache ins Feld geführt werden, die ein anderes, im Hintergrund stehendes und unabhängiges Werturteil einschlägig macht – also als zweite Prämisse oder Untersatz. Der Glaube an einen Gott kann natürlich das Leben eines Menschen auf dramatische Weise prägen. Ob und wie das geschieht, hängt davon ab, an was für einen Gott der jeweilige Mensch glaubt und wie fromm er ist. Ein recht offensichtliches und einfach gestricktes Beispiel hierfür wäre jemand, der glaubt, in die Hölle zu kommen, wenn er das Missfallen eines Gottes erregt. Dieser Mensch wird sehr wahrscheinlich ein anderes Leben führen als jemand, der das nicht glaubt. Ob aber das, was einem Gott missfällt, moralisch falsch ist, liegt nicht im Ermessen dieses Gottes.

Damit greife ich auf ein wichtiges begriffliches Prinzip zurück, das wir als »Humes Prinzip« bezeichnen können, weil es von jenem schottischen Philosophen des achtzehnten Jahrhunderts vertreten wurde.[12] Diesem Prinzip zufolge kann ein Werturteil – eine ethische oder moralische oder ästhetische Behauptung – nicht durch eine wissenschaftliche Tatsache darüber gestützt werden, wie die Welt ist oder war oder sein wird. Es bedarf darüber hinaus immer eines dahinterstehenden Werturteils, das erklärt, warum die wissenschaftliche Tatsache relevant ist und ebenjene Konsequenzen hat. Richtig ist: Wann immer ich sehe, dass jemand Schmerzen hat oder in Gefahr ist, habe ich eine moralische Verantwortung, ihm zu helfen, sofern mir das möglich ist. Schon das bloße Faktum des Schmerzes oder der Gefahr scheint also aus sich heraus eine moralische Pflicht zu erzeugen. Doch dieser Schein trügt. Der Schmerz und die Gefahr würden keine moralische Pflicht nach sich ziehen, wenn es nicht außerdem wahr wäre (im Sinne einer moralischen Hintergrundwahrheit), dass Menschen eine allgemeine Verpflichtung haben, Leid zu mildern oder zu verhindern. Wie so oft ist das im Hintergrund stehende Prinzip auch hier zu offensichtlich, um ausgesprochen oder auch nur mitgedacht zu werden. Dennoch muss es da sein und jene gewöhnliche Tatsache mit dem konkreteren moralischen oder ethischen oder ästhetischen Urteil verknüpfen, das durch sie untermauert werden soll.

---

12 David Hume, »Über Moral«, in: Ders., *Ein Traktat über die Menschliche Natur*, Bd. 2, Hamburg 1987, S. 195-211.

Natürlich ist die Existenz eines personalen Gottes – eines übernatürlichen, allmächtigen, allwissenden und liebenden Wesens – eine ziemlich exotische wissenschaftliche Tatsache. Das ändert aber nichts daran, dass es sich um eine solche handelt und dass sie ein einschlägiges moralisches Prinzip im Rücken haben muss, um sich auf Werturteile auszuwirken. Das ist wichtig, weil diese Hintergrundwerturteile ihrerseits nur verteidigt werden können – soweit das überhaupt möglich ist –, indem sie in einem größeren Netzwerk von Werten verortet werden, die sich wechselseitig stützen und rechtfertigen. Sie können also nur im Rahmen eines allumfassenden Systems von Werten verteidigt werden, und genau darum geht es mir bei meiner Beschreibung der religiösen Einstellung.

Die Existenz eines Gottes kann also nur dann für notwendig oder hinreichend erachtet werden, um eine bestimmte Wertüberzeugung zu rechtfertigen, wenn ein unabhängiges Hintergrundprinzip erklärt, warum es sich so verhält. Entsprechende Überzeugungen sind durchaus vorstellbar, zum Beispiel: Gott hat seinen Sohn für uns geopfert, und die Pflicht zur Dankbarkeit gebietet uns, diejenigen Prinzipien zu ehren, für die er am Kreuz gestorben ist. Oder: Gott hat uns geschaffen, deshalb schulden wir ihm die Ehrerbietung oder Hochachtung, die wir unseren Eltern schulden, nur dass wir Gott eben prinzipiell uneingeschränkt und unablässig ehren müssen. Gläubigen Menschen würde es sicher nicht schwerfallen, weitere Prinzipien dieser Art zu konstruieren. Aber welche auch immer das sein mögen – sie müssen ihre argumentative Kraft als rein moralische Urteile oder als Teil eines anderen Wertebereichs entfalten. Theisten müssen an ein von Gott unabhängiges Prinzip glauben; sie müssen erkennen, dass sie gar nicht umhinkönnen, an ein solches Prinzip zu glauben, und nicht bloß an die göttlichen Ereignisse oder anderen Fakten, die sie für relevant halten. Was die gottesfürchtige von der gottlosen Religiosität trennt – die wissenschaftliche Komponente Ersterer –, ist weit weniger wichtig als das, was sie verbindet: der Glaube an Werte.

Rätselhaftigkeit und Verständlichkeit

Meine Überlegungen werden versierten Theologen zweifellos ignorant und naiv erscheinen. Ihrer Meinung nach habe ich einfach einige geläufige und mit Blick auf unser profanes irdisches Leben durchaus einleuchtende Annahmen hinsichtlich des Verhältnisses von Tatsachen und Werten genommen und in einem überirdischen Kontext zur Anwendung gebracht, in dem sie jedoch keinen Sinn ergeben. Darum will ich noch einmal deutlich machen, wie wenig ich hier wirklich voraussetze. Ich gehe nicht davon aus, dass alle gläubigen Menschen die biblische Schöpfungsgeschichte für buchstäblich wahr halten, und mir ist bewusst, dass es theologische Konzeptionen von göttlicher Schöpfung gibt – so wir uns überhaupt einen Reim darauf machen können –, die sich von allen uns bekannten Arten der Erschaffung vollkommen unterscheiden. Ich weiß, dass viele Theologen glauben, eine solche Schöpfung sei ihrem Wesen nach rätselhaft und entziehe sich womöglich dem menschlichen Erklärungsvermögen.

Meines Erachtens gehört aber zu einem theistischen Verständnis von göttlicher Schöpfung mindestens die Überzeugung, dass es sich dabei um den Akt eines Intellekts handelt, was auch immer sie sonst noch sein mag. Es ist nicht klar, was überhaupt vom Theismus übrig bliebe, wenn sein wissenschaftlicher Teil keine solche kreative Instanz enthielte. Wer also meine Überlegungen für ignorant hält, ist vor diese Herausforderung gestellt: Gibt es eine verstehbare, wenn auch vielleicht ungewöhnliche Konzeption einer handlungsfähigen Instanz, aus der folgt, dass die Tätigkeit dieser Instanz aus sich heraus und selbsttätig Werte schaffen kann? Die religiöse Haltung, so wie ich sie beschrieben habe, beinhaltet ja die Überzeugung, dass Ereignisse an sich Werturteile nicht automatisch wahr machen können. Dazu bedarf es einer Hintergrundwertannahme, die aus dem Ereignis ein Argument für die Wahrheit eines solchen Urteils macht. Man kann dieses begriffliche Prinzip nicht umgehen, indem man stipuliert, die göttliche Schöpfung sei ein Geheimnis, das wir Menschen nicht ergründen können oder indem man darauf pocht, dass die Existenz eines göttlichen Wesens und dessen Güte irgendwie miteinander verschmolzen sind. Letzteres würde nämlich bedeuten, das Prinzip außer Kraft zu setzen, ohne für diese Maßnahme eine Rechtfertigung anzubieten. Irgendwo zwischen Rätselhaftigkeit und Unverständlichkeit müssen wir eine Linie ziehen. Wie lässt sich die Vorstellung, dass Werte einfach *per fiat* geschaffen werden können, verständlich machen – selbst wenn sie rätselhaft bleibt?

Nichtpersonale Götter: Tillich, Spinoza und der Pantheismus

Ich habe bis hierhin vorausgesetzt, dass die Idee eines Gottes hinreichend klar ist, so dass der Unterschied zwischen religiösen Theisten und religiösen Atheisten auf der Hand liegt. Doch das ist nicht der Fall, denn die Idee eines Gottes ist alles andere als klar, was bedeutet, dass auch die Unterscheidung zwischen Theismus und Atheismus entsprechend schwammig ist. Die Menschheit hat viele verschiedene Arten von Göttern entdeckt oder geschaffen. Es gab und gibt eine Vielzahl sogenannter heidnischer Gottheiten; das beste Beispiel sind die griechischen Götter der Antike. Sie waren im Grunde unsterbliche Menschen mit übermenschlichen Kräften und Lastern: eitel, eifersüchtig, rachsüchtig und auch sonst ziemlich fürchterlich. Mit dem Aufstieg der abrahamitischen Religionen trat ein einzelner Gott an ihre Stelle, der Gott der Sixtinischen Kapelle, diese bärtige Figur, die an der Decke das Leben erschafft und an der Westwand, hinter dem Altar, in Gestalt seines Sohnes Menschen in den Himmel oder die Hölle schickt. Heute dominiert dieser Gott die theistische Praxis: Er ist allwissend, allmächtig und interessiert sich brennend für das Leben seiner Geschöpfe. Im siebzehnten Jahrhundert tauchte dann ein Gott anderer Art auf, der es jedoch nie zu einer großen Anhängerschaft brachte. Dieser Lesezeichengott, wie man ihn nennen könnte, erklärt, was die Wissenschaft nicht erklären kann. Anders als der Sixtinische Gott greift er nicht in menschliche Angelegenheiten ein, steht aber zur Erklärung der Existenz und der Beschaffenheit des Universums zur Verfügung, falls entsprechende wissenschaftliche Erklärungen noch fehlen. So tritt er eben nicht gegen die heute weitgehend akzeptierte Evolutionstheorie an, im Gegenteil: Er war es, der die Evolution so eingerichtet hat, dass sie über Äonen hinweg ebenjene Wirkung entfalten konnte, die sie entfaltet hat. Weil die

Wissenschaft im Buch des Wissens Seite um Seite füllt, wird er weiter und weiter zurückgedrängt.

All diese Götter, selbst der Lesezeichengott, sind personal, doch es gibt auch Menschen, die erklären, ihr Gottesglaube richte sich nicht auf eine Person. Damit meinen sie nicht, ihr Gott sei unpersönlich im Sinne von distanziert oder unnahbar, sondern sie meinen, er sei schlicht keine Person. Das wirft natürlich die Frage auf, was man sich unter einer solchen göttlichen Nichtperson vorzustellen hat. Wo liegt der Unterschied zwischen einem Gott, der keine Person ist, und einem, der gar nicht existiert? Wir gehen davon aus, dass ein personaler Gott über all das verfügt, was eine Person ausmacht – einen Geist, einen Willen und Ziele, die zu erreichen er seinen Willen einsetzt –, jedoch in einem für uns unvorstellbaren Ausmaß. Wer an einen solchen Gott glaubt, kann sich keinen größeren Intellekt oder stärkeren Willen vorstellen. Wenn jedoch Intellekt, Ziele und Wille Eigenschaften von Personen sind – und es kann kein Ziel geben ohne eine Person, deren Ziel es ist –, dann braucht es für einen vollkommenen Intellekt, Willen oder eine entsprechende Zielgerichtetheit keine Nichtperson, sondern eine perfekte Person.

Wie also wäre ein unpersönlicher Gott beschaffen? Natürlich müssen wir hier metaphorische Evokationen beiseitelassen. Menschen antworten auf Fragen mit »Weiß der Himmel!« oder »Das wissen die Götter!«, wenn sie meinen, dass niemand die Antwort kennt. Einstein sprach oft auf diese Weise von Gott – gewissermaßen im Scherz. So sagte er, er wolle Gottes Gedanken lesen, oder fragte, ob Gott bei der Erschaffung des Universums eine Wahl hatte. Eine solche metaphorische Sprechweise beruht auf einer hypothetischen Annahme, die zudem in den Augen vieler, die sich so ausdrücken, kontrafaktisch ist: Wenn es einen Gott gäbe, würde er – und nur er – die Antworten wissen. Wenn ein Gott das Universum geschaffen hätte, hätte er dann eine Wahl dabei gehabt, welche Naturgesetze er zur Geltung bringt, oder wäre er vollständig durch die mathematischen Wahrheiten eingeschränkt gewesen? Hier kann kein nichtpersonaler Gott gemeint sein, im Gegenteil: Klarerweise hängt die wie auch immer geartete metaphorische Kraft, die diesen Redewendungen immer noch innewohnt, an der Idee eines personalen Gottes.

Interessantere Kandidaten für die Idee eines nichtpersonalen Gottes finden wir in der Philosophie. Paul Tillich, ein sehr einflussreicher deutscher Theologe, sagte, dass die Idee eines personalen Gottes als Symbol für etwas Anderes verstanden werden muss, und dass wir dieses Andere vielleicht als nichtpersonalen Gott betrachten sollten. Er schrieb:

Die Offenbarung des Grundes und Abgrundes von Sein und Sinn schafft das, was die moderne Theologie die »Erfahrung des Numinosen« nennt. […][Diese] Erfahrung kann für die breite Masse verknüpft sein mit dem Eindruck, den bestimmte Personen, Ereignisse in Geschichte und Natur, Gegenstände, Worte, Bilder Melodien, Träume usw. auf die menschliche Seele ausüben, indem sie das Gefühl des Heiligen, d. h. der Gegenwart des Numinosen, erwecken. In solchen Erfahrungen lebt die Religion, und auf diese Weise versucht sie, die Gegenwart der göttlichen Tiefe in unserer Existenz und die Verbindung mit ihr aufrechtzuerhalten. Aber da diese Tiefe aller gegenständlichen Erfassung unzugänglich ist, muß sie in Symbolen zum Ausdruck gebracht werden. Eines dieser Symbole ist »persönlicher Gott«. Die gesamte klassische Theologie hat im Grunde zu allen Zeiten der Kirchengeschichte das Prädikat »persönlich« für das Göttliche nur symbolisch oder als Analogie gebraucht oder in der Weise, daß es zu gleicher Zeit bejaht und verneint wird. [...] Ohne ein »atheistisches« Element kann der »Theismus« nicht aufrechterhalten werden.[13]

Tillichs Theologie ist sehr komplex, und vielleicht ist es unklug, einen einzelnen Absatz auf diese Weise hervorzuheben. Er ist aber so faszinierend, dass ich es dennoch tun werde. Die Religion, so sagt Tillich, müsse die Existenz eines personalen Gottes proklamieren, aber diese Proklamation dürfe nicht wörtlich genommen werden. Vielmehr biete sie die Idee eines personalen Gottes als eine Art Geste dar, mit der auf etwas gezeigt wird, das sich jeder Beschreibung entzieht, eine Geste, die nur dann angebracht sei, wenn der Gott, auf den sie verweist, gleichzeitig verneint wird. Tillich hält den personalen Gott also nicht für ein Symbol für etwas, das womöglich zutreffender als nichtpersonaler Gott zu fassen ist, sondern denkt, dass das Wesen einer religiösen Erfahrung nur zum Ausdruck gebracht werden kann, indem man einen personalen Gott zugleich anerkennt und leugnet. Er beschreibt die »numinose« Beschaffenheit jener Erfahrung in Begriffen, die der Wertekomponente konventioneller Religionen näher stehen als ihrer wissenschaftlichen Komponente und die aus ebenjener Erfahrung eine machen, die einem religiösen Atheisten gleichermaßen zugänglich ist. Er zitiert Einsteins eigenen Verweis auf »jene Demut des

---

13 Paul Tillich, »Das Problem des ›persönlichen Gottes‹. Eine Auseinandersetzung mit Albert Einstein«, in: Ders., *Begegnungen. Paul Tillich über sich selbst und andere* (= *Gesammelte Werke*, Bd. XII), Stuttgart 1971, S. 300-304, hier S. 303.

Geistes gegenüber der Größe der im Dasein verkörperten Vernunft«, die Tillich zufolge

> [...] auf einem gemeinsamen Grund des Ganzen der phy-
> sikalischen Welt und der überpersönlichen Werte [weist],
> einen Grund, der einerseits in der Struktur des Seins (in
> der physikalischen Welt) und des Sinns (im Guten, Wah-
> ren und Schönen) offenbar ist und andererseits in deren
> unerschöpflicher Tiefe verborgen ist.[14]

Der Unterschied zwischen Einstein und Tillich scheint also letztlich darauf hinauszulaufen, dass sie meinten, die ihnen gemeinsame religiöse Haltung auf unterschiedliche Weise zum Ausdruck bringen zu müssen: Einstein, indem er die Existenz eines personalen Gottes leugnete, und Tillich, etwas dunkler, indem er sie zugleich leugnete und bejahte. Vielleicht sollten wir davon ausgehen, dass Tillich beides war, ein religiöser Theist und ein religiöser Atheist, der glaubte, dass die »numinose« Beschaffenheit der reli-giösen Erfahrung den Unterschied zwischen beiden zum Verschwinden bringt.

Wenden wir uns nun einem noch interessanteren Fall zu: Baruch de Spinoza. Er wurde 1632 in Amsterdam ge-boren, wo seine Familie zu jener portugiesisch-jüdischen Gemeinde gehörte, die die spanische Inquisition von der iberischen Halbinsel vertrieben hatte. Das Amsterdamer Rabbinat schloss ihn aus der Gemeinde aus, weil er ein Atheist sei. Tatsächlich aber stellte er etwas, was er selbst als »Gott« bezeichnete, in den Mittelpunkt seiner komple-

---

14 Ebd., S. 302 f. Die diesbezüglichen Meinungsunterschiede zwi-schen Einstein und Tillich diskutiert Max Jammer, *Einstein and Religion. Physics and Theology*, Princeton 1999, S. 107-114.

xen rationalistischen Metaphysik. Aus diesem Grund sagten die Romantiker eines späteren Jahrhunderts, er sei »ein Gott-trunkener Mensch«.*

Es ist leicht zu verstehen, warum Spinozas Zeitgenossen ihn für einen Atheisten hielten. In seinen Augen existierte nichts von dem, was damals auch nur irgendein Mitglied der religiösen Gemeinde versucht gewesen wäre, einen Gott zu nennen. Man schreibt ihm heute meist nicht die Position zu, dass kein Gott existiert, sondern diejenige, dass Gott mit der Natur koextensiv ist. »Gott ist überall«, schrieb Spinoza, »und alles ist Gott«; ja, an mindestens einer Stelle verwendete er »Gott« einfach als Synonym für Natur. Spinozas Gott ist also keine wie auch immer beschaffene Intelligenz, die außerhalb von allem steht und kraft ihres Willens das Universum sowie die es beherrschenden Naturgesetze geschaffen hat. Sein Gott *ist* vielmehr die Gesamtheit der Naturgesetze, aus einem anderen Blickwinkel betrachtet. Anders als der Gott der Bibel hat dieser Gott weder irgendwelche Absichten, die sein Handeln bestimmen, noch hat er – um Einsteins Scherzfrage zu beantworten – eine Wahl mit Blick darauf, was gegenwärtig existiert oder zukünftig existieren wird. Weil Gott die Naturgesetze verkörpert, kann er ihnen nicht zuwiderhandeln. Er agiert mechanistisch und deterministisch. Alles ist genau so, wie es sein muss.[15]

Ein solcher Gott mutet wie eine bloße Fassade an. Kön-

---

15 Vgl. Baruch de Spinoza, »Erster Teil der Ethik. Von Gott«, in: Ders., *Ethik in geometrischer Ordnung dargestellt*, Hamburg 2012.

*   Novalis, »Fragmente und Studien 1799/1800«, in: Ders., *Werke, Tagebücher und Briefe Friedrich von Hardenbergs*, Bd. 2: *Das philosophisch-theoretische Werk*, hg. von Hans-Joachim Mähl, Darmstadt 1999, S. 812 [Anm. d. Übers.].

nen wir ihn nicht einfach weglassen? Wenn die Natur in Form deterministischer physikalischer Gesetze alles umfasst und erklärt, ohne dass dabei Absichten, Pläne oder Ziele eine Rolle spielen, warum dann überhaupt noch einen Gott ins Spiel bringen? Es wurde spekuliert, dass der sehr zurückgezogen lebende Spinoza, dem Ruhm und sogar Anerkennung nicht wichtig waren, sich nur deshalb so gewunden und obskur ausdrückte, weil er hoffte, dass nur eine kleine, ihm wohlgesinnte Leserschaft verstehen würde, was er wirklich dachte. Vielleicht hat er Gott nur deshalb wie Konfetti über seine Texte gestreut, um seinen ausgeprägten Atheismus noch stärker zu verbergen. Das scheint mir aber äußerst unwahrscheinlich. Er galt ja ohnehin als Atheist, und sein Gott ist auch nicht über seine Argumente verstreut, sondern sitzt direkt in deren Zentrum. Wir müssen also eine bessere Erklärung dafür finden, warum er überhaupt da ist.

Spinoza wird in der Literatur oft als »Pantheist« beschrieben, womit einfach gesagt werden soll, dass er Gott in allen Dingen sah. Philosophen sind sich nicht einig darüber, was genau ein Pantheist ist. Der Spinoza-Forscher Stephen Nadler hält es für falsch, Spinoza als einen solchen zu bezeichnen, da Pantheisten seines Erachtens die Natur als Verkörperung ihres Gottes verehren und Spinoza Ansichten dieser Art zurückgewiesen habe.[16] Hier ist jedoch Vorsicht angebracht. Einstein hat Spinoza wiederholt als einen seiner Vorläufer bezeichnet; sein Gott sei auch der Spinozas. Einstein glaubte zwar nicht

16 Vgl. Steven Nadler, »»Whatever Is, Is in God«. Substance and Things in Spinoza's Metaphysics«, in: Charlie Huenemann (Hg.), *Interpreting Spinoza. Critical Essays*, Cambridge (Mass.) 2008, S. 69.

an einen personalen Gott, aber er »verehrte« die Natur. Er betrachtete sie mit Ehrfurcht und war der Meinung, Wissenschaftler wie er sollten ihrer Schönheit und Rätselhaftigkeit mit Demut begegnen, kurz: Er offenbarte eine religiöse Haltung zur Natur. Spinoza hielt das Universum aber nicht für schön, ja, er lehnte den Gedanken, dass es schön oder hässlich sein könne, rundweg ab. In seinen Augen war das Universum ästhetisch neutral. Für ethisch oder moralisch neutral hielt er es dagegen nicht. Spinoza glaubte, dass ein der Erkenntnis der grundlegenden Naturgesetze gewidmetes Leben allen anderen vorzuziehen sei. Außerdem war er der Meinung, dass die Gerechtigkeit und die Moral, von der er sowohl in persönlicher als auch in politischer Hinsicht eine liberale Vorstellung hatte, in der Natur gründen. Stuart Hampshire, ein bedeutender Spinoza-Forscher, beschrieb dessen religiöse Haltung auf die folgende Weise:

> Was moralische Wahrheiten wahr macht, ihre Grundlage, kann nicht die Autorität von Gott dem Vater und Gott dem Sohn sein, wie es in den christlichen Legenden behauptet wird, sondern muss in der Struktur der Wirklichkeit gesucht werden und in dem Platz, den Menschen in ihr einnehmen. Die gesuchte Grundlage kann nur in jenen beständigen Prozessen gefunden werden, die die Realität konstituieren, das heißt darin, wie sich Teile zu Ganzheiten zusammensetzen, und daher darin, wie sich einzelne Personen zusammenschließen können, um soziale Einheiten zu bilden, und dies entsprechend den universell geltenden Bedingungen für Zusammenhalt und Stabilität.[17]

---

17 Siehe Stuart Hampshire, *Spinoza and Spinozism*, New York 2005, S. 19.

Richard Dawkins zufolge ist der Pantheismus schlicht ein »aufgepeppter« Atheismus.* Mir ist klar, was er damit meint, aber »aufgepeppt« ist meines Erachtens der völlig falsche Ausdruck, weil er suggeriert, es handele sich um einen Werbetrick. Dawkins ist außerdem der Meinung, dass Pantheisten nichts weiter als die Naturgesetze meinen, wenn sie von Gott sprechen. Auch das halte ich nicht für völlig falsch, zumindest wenn wir unterstellen, dass die Pantheisten, die er im Sinn hat, ausschließlich über die physikalische Realität reden. Dawkins' Kommentare, und zwar beide, lassen das Wesentliche außen vor: die religiöse Haltung, die Spinoza und die meisten anderen Menschen, die sich Pantheisten nennen, zur Natur einnehmen, wenn sie sie mit Gott gleichsetzen oder von ihr behaupten, ein nichtpersonaler Gott wohne ihr inne. Diese Haltung beschreiben manche von ihnen als den Widerschein einer »numinosen Erfahrung« – dem Eindruck, etwas zu erleben, das nichtrational und emotional zutiefst bewegend ist. Wie wir gesehen haben, hat Tillich diesen Ausdruck ebenfalls gebraucht. Und auch der berühmte Astronom Carl Sagan, der angab, nicht an einen personalen Gott zu glauben, griff auf das Wort »numinos« zurück, um seine eigenen Überzeugungen darzulegen. Nancy K. Frankenberry zufolge war Sagan jemand, der »das Universum verehrte. Er war völlig durchdrungen von Ehrfurcht, Staunen und dem wunderbaren Gefühl, zu einem Planeten, einer Galaxie, einem Kosmos zu gehören, die ihn gleichermaßen zur Hingabe wie zu ihrer Erforschung inspirieren«.[18]

---

18 Siehe Nancy K. Frankenberry (Hg.), *The Faith of Scientists. In Their Own Words*, Princeton 2008, S. 222.

* Dawkins, *Der Gotteswahn*, S. 32 [Anm. d. Übers.].

Dawkins übersieht also, dass eine numinose Erfahrung für Pantheisten die Erfahrung von etwas ist, das sie für *wirklich* halten. Es handelt sich in ihren Augen nicht einfach um eine emotionale Erfahrung, deren Entstehung und Inhalt vielleicht mit dem Verweis auf einen evolutionären Vorteil oder irgendein tiefes psychologisches Bedürfnis erklärt werden können. Pantheisten sind davon überzeugt, dass ihre Erfahrungen *durchdrungen* sind von Wundern und Schönheit, von moralischer Wahrheit oder Bedeutung oder anderen Formen von Wert. Sie erleben das so, weil sie an Werte glauben und dieser Glaube nicht ins Leere geht, sondern einen Widerhall findet. In vollem Sinne verstehen lässt sich das nur, wenn man anerkennt, dass der Gegenstand ihres Erlebens ein Wert ist, der wirklich existiert. Wir sollten nicht sagen, dass Pantheisten – zu denen ich auch Spinoza zähle – zwar nicht an einen personalen Gott glauben, dafür aber an einen nichtpersonalen. Sehr viel klarer und treffender wäre es, sie als religiöse Atheisten zu bezeichnen – eine Kategorie, die sich, wie wir nun sehen, in einer weiteren Hinsicht als nützlich erweist: Sie macht die obskure Idee eines nichtpersonalen Gottes überflüssig.

2
Das Universum

Die Physik und das Erhabene

Wir finden viele Dinge in der Natur schön: atemberaubende Canyons, prachtvolle Sonnenuntergänge, Panther auf der Pirsch oder die kleine weiße Rose, die uns das Herz bricht, wie der Dichter sagt. Für einen Naturalisten hat diese Schönheit ausschließlich etwas mit unseren Reaktionen auf solche Anblicke zu tun: mit dem Vergnügen, das sie uns bereiten. Aus Sicht der religiösen Einstellung handelt es sich hingegen in all diesen Fällen um Entdeckungen inhärenter Schönheit: All diese Dinge sind an sich wunderbar, und nicht kraft ihrer Wirkung auf uns. Das ist kein bedingter Realismus, da wir nicht unterstellen, eine besondere Befähigung zum Erkennen von Schönheit zu besitzen, die auf irgendeine Weise separat validiert werden kann. Trotzdem erkennen wir, dass der Sonnenuntergang schön ist.

Doch die Schönheit, die wir in der Natur vorfinden, ist in einer bestimmten Hinsicht ungewöhnlich und seltsam. Sie sehen das erste Mal den Grand Canyon und es verschlägt Ihnen die Sprache. Ehrfurcht erfüllt Sie. Dann erfahren Sie, dass – anders als allgemein angenommen – der Canyon vor nicht allzu langer Zeit von ein paar begnadeten Architekten und Künstlern des Disney-Konzerns angelegt wurde, um ihn zum Schauplatz des größten Themenparks aller Zeiten zu machen. Auch wenn Sie nun vielleicht diese Künstler und die Kühnheit des Projekts bewundern – das besondere Staunen wäre verschwunden. Oder denken Sie an die wunderschöne Blume. Sie finden heraus, dass es sich dabei um eine brillante Reproduktion aus Japan handelt, die sich in keiner Hinsicht – Farbe, Form, Geruch oder Textur – von einer echten Blume unterscheidet. Sie bewundern die Geschicklichkeit, die das erfordert, aber auch hier ist der besondere Zauber verschwunden. Die Lektion scheint klar: Nicht nur gibt es in der Natur Dinge, die inhärent schön sind, sondern es *ist* die Natur, und nicht die Intelligenz oder das Geschick der Menschen, die diese Dinge hervorgebracht hat. Und das macht ihren Zauber aus.

Es gibt aber auch Fälle, in denen wir ein Menschenwerk für wertvoll erachten, einen zufällig entstandenen, ansonsten aber identischen Gegenstand hingegen geringschätzen würden. Jackson Pollocks Gemälde *Blue Poles* ist fabelhaft, wohingegen ein irgendwie im Rahmen einer Explosion in einer Farbenfabrik zustande gekommenes Objekt höchstens als Kuriosität interessant wäre, auch wenn es dem Pollock in jeder Hinsicht gliche. Und dennoch ist der Grand Canyon eben gerade deswegen atemberaubend, weil er durch Zufall entstanden ist, und nicht nach einem Bauplan. Wie lässt sich das erklären? Vielleicht so: Die Natur kann im Kleinen auf ganz besondere Weise schön sein, weil sie als Ganze schön ist. Der Grand Canyon ist nicht irgendein Zufall, sondern ein ganz exzeptioneller: Er ist Teil jener in unseren Augen großartigen, ja sogar ehrwürdigen Geschichte über Entstehung und Entwicklung, als deren Autorin wir die Natur betrachten.

In diesem Kapitel wenden wir uns ab von den religiösen Werten, die das Leben der meisten von uns prägen – unseren diversen Verantwortlichkeiten uns selbst und anderen gegenüber –, um einem ganz anderen religiösen Wert nachzugehen, nämlich jener Schönheit des Kosmos, von der Einstein und viele seiner Kollegen so berauscht waren. Theisten glauben, dass Gott der Urheber dieser Schönheit ist: Sie glauben, dass ein Gott absichtlich den Grand Canyon erschaffen hat, mit der Explosion in der Farbenfabrik hingegen wohl eher nichts zu tun hatte. Ein Atheist muss auf andere Weise erklären, warum das so ist, das heißt, warum die Tatsache, dass jene Schlucht Teil eines umfassenden evolutionären Prozesses ist, ihr eine besondere Dramatik verleiht. Diese Erklärung muss darauf hinauslaufen, dass dieser Prozess und das gewaltige Universum, das er hervorgebracht hat, ihrerseits eine Quelle von Schönheit sind. Ein Naturalist kann diesen Gedanken nicht denken. Für ihn können lediglich diejenigen Aspekte des Universums schön sein, deren Anblick uns erfreut. Das Universum als Ganzes hält er für eine unfassbar große zufällige Ansammlung von Gasen und Energie. Aus Sicht der Religion hingegen ist es eine unergründliche und komplexe Ordnung von leuchtender Schönheit. Dieser Gedanke hat eine sehr lange Tradition. Philosophen, Theologen und Wissenschaftler aller Epochen hingen ihm an, so zum Beispiel Platon, Augustinus, Tillich und Einstein. Theisten leuchtet es unmittelbar ein, warum das Universum erhaben ist: Es wurde erschaffen, um erhaben zu sein. Die Frage ist nun, welchen Grund ein religiöser Atheist für dieselbe Überzeugung anführen könnte.

Er muss bei seiner eigenen Wissenschaft ansetzen, also nicht bei der Theologie, sondern bei der Physik und der Kosmologie. Diese müssen ihm zumindest einen flüchtigen Blick auf ein Universum ermöglichen, das zur Schönheit fähig ist. Die Überzeugung, dass es das wirklich ist,

ist aber selbst nicht wissenschaftlich, denn egal was uns die Physik über dunkle Materie und Galaxien, über Photonen und Quarks lehrt – die religiöse Frage, inwiefern ein aus all diesen Teilen zusammengesetztes Universum schön ist, bleibt bestehen. Und ich bin der Meinung, dass es auf diese Frage noch keine gute Antwort gibt. Trotz all der beeindruckenden Errungenschaften der Kosmologie und der Teilchenphysik wurde bisher keine Beschreibung unseres Universums gefunden, die einfängt, was religiöse Wissenschaftler in ihm sehen; der Physik ist es noch nicht gelungen, uns ein Universum zu präsentieren, dessen Schönheit wir tatsächlich begreifen können. Daher ist die religiöse Überzeugung diesbezüglich der Wissenschaft, die sie eigentlich voraussetzen muss, einen Schritt voraus. In dieser Hinsicht gibt es zwischen der theistischen und der atheistischen religiösen Haltung einen Berührungspunkt: Sie beruhen beide, wenn auch in je anderer Weise, auf einem Glauben.

Im ersten Kapitel habe ich Einstein mit der Aussage zitiert, Einsicht in die »leuchtendste Schönheit« des Universums mache »wahre Religiosität« aus. Außerdem schrieb er: »Das Schönste, was wir erleben können, ist das Geheimnisvolle. Es ist das Grundgefühl, das an der Wiege von wahrer Kunst und Wissenschaft steht. Wer es nicht kennt und sich nicht mehr wundern, nicht mehr staunen kann, der ist sozusagen tot und sein Auge erloschen.«[1] Einstein dachte dabei an all die Rätsel, deren Lösung er sein Leben gewidmet hat, und die uns im Folgenden beschäftigen werden. Ich gehe davon aus, dass Ihnen das Wort »Schönheit« zu unspezifisch und limitiert vorkommt, um die von

1 Albert Einstein, *Mein Weltbild*, hg. v. Carl Seelig, Berlin 2005, S. 12.

Einstein beschriebenen Reaktionen wie Staunen, Begeisterung und Ehrfurcht einfangen zu können. Und in der Tat sind das sehr unterschiedliche emotionale Zustände, aber die Wissenschaftler, deren Schriften ich gelesen habe, bezeichnen sie unterschiedslos mit »Schönheit«, und ich denke, dass dieses Wort in all seiner Breite und Vagheit die Phänomene abdecken kann, um die es mir geht.

Allem Anschein nach wird Einsteins Glaube an die Schönheit der Natur zwar nicht von allen, aber doch von den meisten Physikern geteilt, die in den dramatischen Grenzbereichen ihrer Disziplin arbeiten. Hier ist eine kleine Auswahl von Buchtiteln, auf die ich gestoßen bin: *The Elegant Universe; Fearful Symmetry: The Search for Beauty in Modern Physics* und *Deep Down Things: The Breathtaking Beauty of Particle Physics*.[2] Und hier ein Zitat, das im Rückgriff auf die Ambitionen ihres Anführers beispielhaft zum Ausdruck bringt, was diese Wissenschaftler für ihre Mission halten: »Einstein wollte die Gesetzmäßigkeit des Universums mit nie zuvor erreichbarer Klarheit beschreiben, damit es sich der erstaunten Menschheit in seiner ganzen Schönheit und Eleganz erschließe.«[3] In diesen Büchern wird mit keinem Wort angedeutet, dass unser Universum nur deswegen schön ist, weil ein Gott es erschaffen hat. Die Autoren leugnen das zwar nicht, aber sie legen dar, dass das Universum, im Größten wie im Kleinsten, an sich schön ist, ganz unabhängig davon, wer

---

2 Vgl. Brian Greene, *Das Elegante Universum. Superstrings, verborgene Dimensionen und die Suche nach der Weltformel*, Berlin 2000; Anthony Zee, *Magische Symmetrie. Die Ästhetik in der modernen Physik*, Basel, Stuttgart 1990; sowie Bruce A. Schumm, *Deep Down Things. The Breathtaking Beauty of Particle Physics*, Baltimore 2004.

3 Greene, *Das Elegante Universum*, S. 9.

(wenn überhaupt jemand) es gemacht hat. Sie sagen, es sei objektiv schön.

Meine zugegebenermaßen nicht erschöpfende Recherche lässt mich aber vermuten, dass die beiden Fragen, um die es in diesem Kapitel geht, von ihnen weder adäquat beantwortet noch überhaupt als solche erkannt wurden. Die erste lautet: Welche Rolle spielt der Glaube an die objektive Realität der Schönheit für die tatsächliche physikalische Forschung? Der Nobelpreisträger Steven Weinberg schreibt:

> Immer wieder haben Physiker sich von ihrem Schönheitssinn leiten lassen, nicht nur, wenn sie neue Theorien erarbeiten, sondern auch, wenn sie die Gültigkeit bereits entwickelter physikalischer Theorien beurteilen. Anscheinend lernen wir, die Schönheit der Natur auf ihrem grundlegendsten Niveau vorwegzunehmen. Nichts könnte uns mehr in der Zuversicht bestärken, daß wir uns tatsächlich auf dem Wege zur Entdeckung der endgültigen Gesetze der Natur befinden.[4]

Das legt nahe, dass die Schönheit einer wissenschaftlichen Hypothese für ihre Wahrheit spricht. Doch wie sollte das möglich sein? Ob eine Theorie schön ist, scheint eine ganz andere Frage zu sein als die, ob sie wahr ist. Was aber ist die Alternative? Sollten wir stattdessen sagen, die Schönheit einer wissenschaftlichen Hypothese sei pure Koinzidenz? Wäre es bloß ein glücklicher Zufall, wenn sich die »endgültigen Gesetze der Natur« als schön herausstellten? Aber wie kommt Weinberg dann auf die Idee, es »bestärkte« die »Zuversicht«, dass die Theorien, die derzeit

---

4 Steven Weinberg, *Der Traum von der Einheit des Universums*, München 1993, S. 97.

en vogue sind, schön zu sein scheinen? Kann es neben den sich widersprechenden Alternativen Wahrheitsindiz und Koinzidenz eine weitere Rolle geben, die die Idee der Schönheit spielen könnte?

Unabhängig davon lautet die zweite Frage: Was für eine *Art* von Schönheit könnten Weinberg und andere Wissenschaftler hier überhaupt im Sinn haben? Was hoffen sie, im Tanz der Galaxien und Quarks zu finden? In unserem tagtäglichen Leben auf dieser Erde erleben wir Schönheit in zahlreichen Formen. Schöne Menschen sind auf andere Weise schön als schöne Gebäude oder Schachkombinationen. Aber von welcher Art ist die Schönheit, die wir im Kosmos oder in einem Atom vernünftigerweise erwarten dürfen? Der Kosmos oder ein Atom sind ja nicht Gegenstand unserer Erfahrung. Was für eine Schönheit vermuten wir hier also? Die beiden genannten Fragen hängen miteinander zusammen und so müssen wir sie im Tandem und Schritt für Schritt angehen.

Könnte Schönheit forschungsleitend sein?

Kann die Idee kosmischer Schönheit in der Wissenschaft – in der Teilchenphysik, Astrophysik oder Kosmologie – eine Rolle spielen und, wenn ja, welche? Den einfachsten Zusammenhang, der hier in Frage käme, habe ich bereits erwähnt: Die Schönheit einer Theorie ist ein Indiz für ihre Wahrheit und daher ist die jeweils schönere Theorie einfach mit größerer Wahrscheinlichkeit wahr. Der Dichter John Keats hielt Schönheit nicht nur für ein Indiz, sondern für einen Beweis. Er schrieb: »Schönheit ist Wahrheit, Wahrheit schön – soviel / Wißt ihr auf Erden, und dies Wissen reicht.«[5] Wenn wir also verschiedene Kandidaten für eine Weltformel, eine ultimative »Theorie von allem« hätten, aber weder experimentell noch durch Beobachtung klären könnten, welcher der Vorzug zu geben ist, hieße das, dass die schönste von ihnen aller Wahrscheinlichkeit nach wahr wäre.

Naturalisten würden dem natürlich nicht zustimmen. Für sie kann Schönheit kein Indiz für Wahrheit sein, weil Wahrheit eine Frage dessen ist, wie die Dinge sind, während Schönheit allein davon abhängt, was wir als schön bezeichnen wollen. Auch wenn wir entscheiden, es sei die schönste je entwickelte Theorie, dass die Erde auf dem Rücken eines Elefanten ruht, der wiederum auf einer unendlich hohen Pyramide von Schildkröten balanciert, wäre das natürlich kein Indiz dafür, dass das Universum eine riesige Ansammlung von Schildkröten ist. Dennoch gab es Zeiten, in denen Keats' Diktum unter Wissenschaftlern, die sich zum Sixtinischen Gott bekannten, etwas galt. Schönheit, so waren sie sich einig, sei im Bereich der Astronomie ein Indiz für Wahrheit, weil das ästhetische Urteilsvermögen des Sixtinischen Gottes unfehlbar sei und er gewollt hätte, dass das von ihm geschaffene Universum schön ist. Da Kreise schön sind, sei es sehr wahrscheinlich, dass die Planeten sich in kreisförmigen Bahnen um die Sonne bewegen. Johannes Kepler war aufgrund dieser Überlegung ursprünglich von kreisförmigen Umlaufbahnen überzeugt, obwohl das seinen eigenen Beobachtungen widersprach. Letzten Endes fügte er sich aber der Empirie und änderte seine Meinung. Wir können sagen, dass er der

---

5 John Keats, »Ode auf eine Griechische Urne«, in: Ders., *Werke und Briefe*, Stuttgart 1995, S. 139.

Schönheit zwar eine gewisse Beweiskraft zubilligte, diese aber letztlich durch die aus der Beobachtung stammenden Belege übertrumpft werden kann.

Wenn heute Wissenschaftler das Universum für schön erachten, gehen sie im Allgemeinen nicht davon aus, dass es von einem göttlichen Künstler geschaffen wurde, und darum können sie auch Schönheit nicht mit dieser Begründung für ein Wahrheitsindiz halten. Welche andere Begründung wäre denkbar? Manche Wissenschaftsphilosophen haben eine solide begriffliche Verknüpfung vorgeschlagen: Sie sagen, dass Schönheit zur *Definition* von wissenschaftlicher Wahrheit gehört. Wenn also Physiker eine Theorie für wahr erklären, dann *meinen* sie damit unter anderem, dass sie schön ist. Das ist eine noch stärkere Lesart von Keats' Behauptung. Schönheit wäre in diesem Fall nicht nur ein Beleg für die Wahrheit einer Theorie, sondern Teil dessen, was sie wahr macht.[6] Doch die meisten Physiker sind, wenn es um die physische Welt geht, stramme Realisten, und das gilt besonders für die Koryphäen der Disziplin. Sie glauben, dass das Universum tatsächlich auf eine bestimmte Weise beschaffen ist, dass es ihre Aufgabe ist, herauszufinden, wie es wirklich beschaffen ist, und dass wir die Frage, ob eine Theorie wahr ist, klar von der unterscheiden müssen, ob sie schön ist. Zwar ziehen sie in der Tat einfache und elegante Theorien den komplexen und plumpen Theorien vor; sie glauben aber auch, etwas Dramatisches über die Wirklichkeit zum Ausdruck zu bringen, wenn sie den Kosmos als schön

---

6 Vgl. hierzu auch Hilary Putnam, *Ethics without Ontology*, Cambridge (Mass.) 2004, S. 67; dort schreibt Putnam über »Werturteile, die der wissenschaftlichen Untersuchung selbst intern sind – also Urteile über *Kohärenz, Schlichtheit, Plausibilität* und dergleichen«.

bezeichnen, und nicht bloß einen semantischen Punkt zu machen, der die Definition von Wahrheit in den Wissenschaften betrifft.

Es gibt allerdings auch einige bedeutende Wissenschaftler, die keine »Berufsrealisten« sind. In ihren Augen missversteht man, was Physik ist, wenn man davon ausgeht, dass Physiker das Ziel haben, zu einer vollkommen geistunabhängigen Theorie zu gelangen, die darstellt, wie das Universum wirklich ist. Stephen Hawking hat vor nicht allzu langer Zeit seine »modellabhängige« wissenschaftliche Epistemologie beschrieben, der zufolge es an jedem Punkt im Verlauf der wissenschaftlichen Erforschung des Kosmos eine Vielzahl unterschiedlicher Modelle geben kann, die zum jeweils aktuellen Datenstand passen.

> Wenn es einem solchen Modell gelingt, Ereignisse zu erklären, billigen wir in der Regel ihm sowie den Elementen und Konzepten, aus denen es besteht, den Status der Wirklichkeit oder absoluten Wahrheit zu. Doch es kann verschiedene Möglichkeiten zur Modellierung ein und derselben physikalischen Situation geben, wobei jeweils verschiedene fundamentale Elemente und Konzepte verwendet werden. Wenn zwei solche physikalischen Theorien oder Modelle dieselben Ereignisse exakt vorhersagen, lässt sich nicht behaupten, das eine sei realer als das andere.[7]

Wir entscheiden uns also für dieses oder jenes Modell, jedenfalls vorläufig, wohlwissend, dass neue Belege auftauchen können; und als Gründe für diese Entscheidung zählen auch Einfachheit und Eleganz. Laut dieser »mo-

---

7 Stephen Hawking, Leonard Mlodinow, *Der Große Entwurf. Eine Neue Erklärung des Universums*, Berlin 2010, S. 13.

dellabhängigen« Theorie kosmischer Wirklichkeit gehört Schönheit also tatsächlich, wenn auch auf spezielle Weise, zur Bedeutung von Wahrheit: Hin und wieder geben Einfachheit oder Eleganz den Ausschlag, wenn wir entscheiden, was wir als wahr betrachten sollten.

Doch wie ich bereits gesagt habe, ist der Realismus die Arbeitshypothese der meisten Physiker. Sie gehen davon aus, dass es ein geistunabhängiges Universum gibt und sie sich bemühen müssen, die wirkliche Wahrheit über dieses Universum herauszufinden. Darum können sie weder Schönheit als Indiz für Wahrheit ansehen noch denken, dass sie Teil dessen ist, was eine Theorie wahr macht. Sollten wir ihre auf Schönheit bezogenen Äußerungen daher vielleicht ganz anders verstehen, nämlich als Ausdruck ihrer wachsenden Zuversichtlichkeit, dass sich das Universum als schön herausstellen wird? Das hieße, dass die Physiker an ihren Großtheorien arbeiten, sich dabei an den besten wissenschaftlichen Methoden orientieren und unter den infrage kommenden Kandidaten denjenigen auswählen, der der experimentellen Überprüfung am besten standgehalten hat. In einem zweiten, davon getrennten Schritt würden sie dann ein Urteil über die Schönheit des von ihnen Entdeckten fällen. Das heißt: Wenn die beste, letztgültige Theorie dazu noch zutage fördern würde, dass der Kosmos gemäß einem solchen unabhängigen Kriterium schön ist, wäre das lediglich eine Art Zugabe – eine Koinzidenz; und diese Möglichkeit hatte ich ja bereits zurückgewiesen, da sie dem, was Wissenschaftler wie Weinberg über Schönheit sagen, nicht mehr Sinn abgewinnen kann als Hawkings modellabhängige Epistemologie.

Klar ist jedenfalls, dass dieser Ansicht zufolge jedwede

Behauptung von Schönheit schockierend verfrüht wäre. Physiker, die unser Universum für schön erklären, müssen eingestehen (und tun das auch), dass sie noch immer sehr wenig über es wissen. Sie haben vier Grundkräfte der Natur entdeckt: die Gravitation, von der die wechselseitige Anziehung großer Objekte – Sterne, Galaxien, Menschen – bestimmt wird; die elektromagnetische Kraft, die sich unter anderem als Licht manifestiert, die starke Kernkraft, von der die Protonen und Neutronen im Innern der Atome zusammengehalten werden; und die schwache Kernkraft, die den Kernzerfall verursacht. Einsteins Theorie der ersten dieser vier Kräfte, der Gravitation, ist mittlerweile auf so spektakuläre Weise bestätigt worden, dass es praktisch unmöglich ist, sie noch für falsch zu halten. Brillante Physiker haben über viele Jahrzehnte eine Theorie zur Wirkung und Interaktion der übrigen drei Kräfte ausgearbeitet, die als Standardmodell bekannt ist und ebenfalls wieder und wieder so spektakulär bestätigt worden ist, dass es auch hier fast unvorstellbar wäre, sie für grundlegend falsch zu halten. Sie erlaubte es beispielsweise, die Entdeckung eines zuvor unbekannten Teilchens vorauszusagen, des Higgs-Bosons, von dem Physiker heute, während ich dieses Buch schreibe, glauben, es in jenem gigantischen Teilchenbeschleuniger nachgewiesen zu haben, den das CERN in der Nähe von Genf betreibt. Entsprechend groß ist ihre Aufregung.

Aber es gibt auch Probleme. Das vielleicht gravierendste ist, dass diese beiden so eindrucksvoll bestätigten Theorien nicht miteinander vereinbar sind. Einsteins Theorie der Gravitation und das Standardmodell der anderen drei Kräfte können nicht beide als *die* allgemeinen Theorien wahr sein. Physiker träumen von einer »endgültigen« Theorie, die jene beiden versöhnt, indem Symmetrien gefunden werden, die erklären, inwiefern die Gravitation und die anderen Kräfte letztlich dasselbe sind. Seit Jahrzehnten suchen sie nun schon nach dieser »Theorie der Quantengravitation«, bislang jedoch ohne Erfolg. Viele vermuten, dass die Lösung in der Stringtheorie liegt, die besagt, dass unendlich kleine eindimensionale Saiten, die in zehn Dimensionen vibrieren, die fundamentalen Bausteine des Universums sind. Andere lehnen diese Hypothese aber ab, und kein Vertreter der Stringtheorie konnte bisher ein vollkommen konsistentes Gleichungssystem aufstellen, mithilfe dessen die Schwingungen dieser Strings beschrieben werden können.

Darüber hinaus stellt das Standardmodell keine theoretische Grundlage für die Eigenschaften der von ihm identifizierten Teilchen zur Verfügung, wie etwa ihrer relativen Masse, die durch Beobachtung bestimmt werden muss und kontingent zu sein scheint. Außerdem glauben Physiker heute, dass es sich bei 96 Prozent dessen, was existiert, um »dunkle« Materie und Energie handelt, und weder für das eine noch für das andere bieten die beiden vorherrschenden, aber unvereinbaren Theorien Erklärungen an. Manche Physiker denken, dass es nur dieses Universum gibt, andere, dass es nur eines von absurd vielen Universen ist, die sich über Dimensionen erstrecken, von denen wir uns noch nicht mal im Ansatz eine Vorstellung machen können. Mit anderen Worten: Physiker erfahren die Schönheit des Kosmos und sprechen darüber, wissen über diesen aber so gut wie nichts. Seriöse Vertreter des Fachs können also nicht davon ausgehen, genug über das Universum herausgefunden zu haben, um sich sicher zu sein, dass es – rein zufällig – schön ist.

Doch es gibt noch eine dritte und überzeugendere Möglichkeit: Die Schönheit des Kosmos ist weder Indiz noch Koinzidenz, sondern eine Unterstellung – oder besser gesagt: ein Aspekt einer Unterstellung. Diejenigen Physiker, die dem Universum eine große Schönheit zusprechen, glauben außerdem, dass es auf grundlegende Weise eine Einheit bildet. Sie gehen davon aus, dass es eine nur noch zu entdeckende vollständige, einfache und einheitliche Erklärung dafür gibt, wie das Universum, von der größten Galaxie bis zum kleinsten Teilchen, entstand und wie es funktioniert. Weinberg nennt die Suche nach einer solchen Fundamentalerklärung den »Traum von der Einheit des Universums«. Angesichts der gewaltigen noch ungelösten Rätsel und der Unwägbarkeiten der gegenwärtigen Physik mag es überraschen, wie viele Physiker diesen Traum haben. Konsens ist er allerdings nicht. So meldet etwa Marcelo Gleiser in seinem Buch *Die unvollkommene Schöpfung* Zweifel an der Einheitlichkeit des Universums an.[8] Er vermutet, dass es sich letztlich als ungeordnet erweisen wird, und so ist er auch nicht der Auffassung, es sei schön. Gleiser zufolge kann nur das menschliche Leben, nicht aber das unbelebte Universum, einen intrinsischen Wert haben. Er glaubt, dass in unseren Leben und dem, was wir selbst schaffen, Schönheit existiert, nicht aber in geistlosen Galaxien und Atomen. Wir Menschen seien zwar wundervoll, sagt er, aber wenn es keine einheitliche Theorie gibt, dann existiert auch nichts Wundervolles im Kosmos.

Der offenbar enge Zusammenhang jener beiden An-

---

8 Vgl. Marcelo Gleiser, *Die unvollkommene Schöpfung. Kosmos, Leben und das versteckte Gesetz der Natur*, Heidelberg 2011.

nahmen – dass wir das Universum mittels einer einheitlichen Theorie verstehen könnten und dass es von überirdischer Schönheit ist – legt nahe, dass die zweite Annahme Bestandteil der ersten ist. Es ist *Teil* jenes Traumes, dass die endgültige Theorie diese Schönheit ausstrahlen wird. Gemäß einer engen, empiristischen Konzeption von Wissenschaft wäre dies selbst keine wissenschaftliche Hypothese, weil nach dieser Konzeption nur diejenigen Forschungsziele als rein wissenschaftliche gelten, die sich auf die erfolgreiche Erklärung und Vorhersage all dessen, was beobachtet werden kann, konzentrieren. Im Zuge der Entwicklung der Teilchenbeschleunigungstechnologie zur Detektion subatomarer Teilchen wurde in den 1960er-Jahren eine große Zahl neuer und zumindest scheinbar unabhängiger Partikel (verschiedene Arten von Leptonen und Gluonen) entdeckt. Physiker klagten, sie hätten nichts weiter als einen Zoo gefunden; der Nächste, der ein neues Teilchen zutage fördert, solle doch bitte ein Bußgeld aufgebrummt bekommen. Aber wenn man an dem rein wissenschaftlichen Ziel festhält, eine umfassende und logisch konsistente Erklärung aller beobachtbaren Phänomene zu finden, spricht nichts gegen einen solchen Zoo. Stellen wir uns vor, Wissenschaftler wären in der Lage, eine sehr lange und vollständige Liste aller subatomaren Teilchen zusammenzustellen, die sie mithilfe der verfügbaren Technologie entdeckt haben. Und stellen wir uns weiter vor, diese Liste wäre durch eine vollständige Beschreibung dessen ergänzt, wie sich jedes einzelne Teilchen in allen physikalischen Kontexten und bezüglich aller anderen Teilchen auf dieser Liste verhält. Nehmen wir an, diese Liste ermögliche genaue Vorhersagen von Beobachtungen, die wiederholt bestätigt würden.

Eine wissenschaftliche Theorie muss irgendwo ein Ende haben. Würde es die Vollständigkeit oder den prognostischen Wert einer vollkommen konsistenten Theorie von allem schmälern, wenn sie den Schlusspunkt dort setzen würde, wo sie durch jede Beobachtung und jede Vorhersage bestätigt wird?

Wir wissen jedoch, dass gute Wissenschaftler mit solchen Listen nicht zufrieden sind. Ihre Unzufriedenheit mit dem Teilchenzoo befeuerte die Suche nach ein paar wenigen, dafür aber fundamentaleren Teilchen, deren Eigenschaften die Beschaffenheit und das Verhalten der größeren Teilchen, die aus ihnen zusammengesetzt sind, erklären. Murray Gell-Mann, dessen Beiträge zu dieser Suche revolutionär waren, nannte diese Teilchen »Quarks«, einen Namen, den er aus James Joyce' *Finnegans Wake* hatte. Es ließ sich zwar nicht umgehen, eine beträchtliche Anzahl unterschiedlicher Quarks zuzulassen, doch die Zahl ihrer Typen blieb begrenzt. Der Zoo ist nun also viel kleiner, was als wichtiger Fortschritt gilt. Wenn aber die Vorhersagen über natürliche Phänomene, die das Studium der Quarks erlaubt, gar nicht sicherer sind als die der unschönen Liste, können wir nicht behaupten, dass es uns vollständigere Erklärungen liefert. Die unermüdliche wissenschaftliche Suche nach immer einfacheren und umfassenderen Theorien ist nicht bloß eine Suche nach verlässlicheren Hypothesen, die der Wahrheit näher kommen. Sie muss auch als eine Suche nach Schönheit begriffen werden.

Diejenigen Erklärungen, die wir zurückgewiesen haben – dass Schönheit ein Indiz für Wahrheit ist oder Teil dessen, was Wahrheit bedeutet, oder dass in der Physik bereits genug entdeckt wurde, um Schönheit als Koinzidenz auszuweisen –, laufen in die falsche Richtung. Physiker finden Schönheit in ihren bisherigen Entdeckungen, weil sie eine letzte, allumfassende Schönheit vor Augen haben, deren Leuchten sie dann auf jeden Schritt hin zu ihrer Enthüllung zurückprojizieren. Wenn sie ihre Entdeckungen schön nennen, meinen sie das stellvertretend: Sie sind schön, weil sie auf eine noch unbekannte und noch rätselhafte letzte Schönheit hinzudeuten scheinen. Als Nächstes müssen wir uns überlegen, um was für eine Art von Schönheit es sich hierbei handeln könnte. Zuvor will ich aber darauf hinweisen, dass der Glaube der Physiker, jedenfalls sehr vieler von ihnen, sich umstandslos in eine von uns bereits entwickelte Kategorie einfügt. Er entspricht nämlich jener gefühlten Überzeugung, dass das Universum wirklich von erhabener Schönheit ist, die keines Gottes als ihren Grund oder Urheber bedarf. Auch wenn viele Physiker diese Bezeichnung zweifellos ablehnen würden, handelt es sich bei dieser Einstellung um ein Beispiel für religiösen Atheismus.

Aber welche Art von Schönheit könnte das sein?

Wir müssen nun irgendeine Verbindung herstellen zwischen dem, was ich irdische Schönheit genannt habe – den Formen und Dimensionen von Schönheit, denen wir in unserem ganz normalen Leben begegnen –, und jener Art von Schönheit, von der wir uns vorstellen, dass es sie im ungesehenen und unsichtbaren Universum gibt. Natürlich würde es nicht ausreichen, einfach *ad hoc* eine gänzlich neue Form von Schönheit zu erfinden. Wir müssen vielmehr erklären, warum es sich bei dem, was wir zu finden hoffen, um die Schönheit, wie wir sie kennen, handelt. Zudem erschwert die gerade gegebene Antwort auf unsere erste Frage, die nach der Rolle der Schönheit in der Forschung, unsere Suche durch eine weitere Bedingung. Wir müssen nämlich eine Art oder Form der Schönheit finden, die der oben beschriebenen Schönheitsunterstellung Sinn verleiht. Es muss deutlich werden, inwiefern es für Wissenschaftler, die auf eine vollständige, fundamentale und endgültige Theorie von allem hinarbeiten, vernünftig ist, mit der Unterstellung zu arbeiten, unsere finale Erklärung werde von prachtvoller Schönheit sein. Ansonsten haben wir auch unsere erste Frage nicht beantwortet und erklärt, welche Rolle die Schönheitsunterstellung in der Forschung und den Spekulationen von Wissenschaftlern spielt.

Um den beiden genannten Anforderungen gerecht zu werden – der Schönheitsanforderung sowie der Unterstellungsanforderung –, müssen wir ziemlich genau so vorgehen wie beim Lösen eines mathematischen Gleichungssystems: indem wir ein Verständnis von Schönheit finden, das beide Anforderungen erfüllt. Eine verlockend einfache Lösung wäre die folgende: Wenn wir tatsächlich eine vollständige Theorie des ganzen Universums finden würden, hätten wir damit automatisch gezeigt, dass es wunderbar schön ist. Es wäre einfach deswegen schön, weil es verständlich ist. Aber stellen Sie sich vor, diese finale, umfassende Erklärung wäre wie der bereits erwähnte Teilchenzoo: eine riesige Menge von Gleichungen, mit denen ein gigantischer Computer gefüttert würde, der dann nach stundenlanger Arbeit alles vorhersagen und somit erklären könnte. Wäre das ein Nachweis der Schönheit des Kosmos? Oder eher der Gleiser'schen Unordnung? Sollten wir also sagen, dass eine finale Theorie dann schön sein wird, wenn sie einfach ist? Es ist jedoch keineswegs klar, was als Einfachheit zählt, und zudem wäre das eine Anforderung, die über die einer umfassenden Erklärung hinausgeht. Wir müssten angeben, welche Form von Einfachheit schön ist, und – noch wichtiger – aus welchem Grund sie es ist. Die in der Wirtschaftswissenschaft recht verbreitete Theorie, alles menschliche Verhalten werde von eng verstandenem ökonomischem Eigeninteresse motiviert, scheint zum Beispiel so einfach, wie eine Verhaltenstheorie es nur sein kann. Trotzdem ist sie, nur als Theorie betrachtet, nicht schöner als eine stärker nuancierte und komplexere Theorie, die Raum für Altruismus lässt. Ist eine Schachkombination, die nach drei Zügen zum Matt führt, schöner als eine gleichermaßen zwingende Variante in zwanzig Zügen?

So leicht lässt sich unser Gleichungssystem also nicht lösen. Wir brauchen eine eigenständige Konzeption von Schönheit, die dennoch eng mit dem Traum einer endgültigen Theorie verbunden ist. Vielleicht denken wir zunächst einfach noch einmal über geläufigere Arten und Aspekte von Schönheit nach. Eine sinnvolle Möglichkeit, sie zu organisieren, wäre vielleicht entlang einer Skala, die sich von rein sinnlicher zu rein intellektueller Schönheit erstreckt; fast alles, was wir schön finden, findet irgendwo auf dieser Skala seinen Platz. Zweifellos gibt es die rein sinnlichen Fälle, etwa Farbwahrnehmungen, die wir als schön empfinden. Doch das meiste von dem, was wir als sinnliche Schönheit bezeichnen würden – von Menschen, Gemälden oder Musikstücken –, liegt ein gutes Stück weg von diesem Pol. Wir nehmen diese Schönheit durch einen Filter von Wissen oder Annahmen wahr. Wenn wir an

Architektur, Poesie oder klassische Musik denken, scheint das offensichtlich, da diese Kunstformen zwar einen unmittelbaren Reiz auf uns ausüben, der aber von zahlreichen historischen und anderen Vorannahmen geprägt ist. Wir finden so manches große Kunstwerk hinreißend: Es erzwingt geradezu eine unmittelbare sinnliche Reaktion. Trotzdem ist diese Reaktion von Überzeugungen durchdrungen: etwa, dass es sich um ein Gemälde von Mark Rothko handelt, das vielleicht aus einer bestimmten Schaffensphase stammt, dass Rothko mit seiner Malerei etwas Bestimmtes erreichen wollte, gewisse Überzeugungen zum Ausdruck brachte etc. etc. Wenn wir uns dem intellektuellen Ende der Skala nähern, spielen die Wahrnehmung und das Sinnliche eine geringere oder sogar kaum noch eine Rolle. Die Schönheit einer Schachkombination aus zwanzig Zügen, einer brillanten juristischen Argumentation oder eines mathematischen Beweises ist rein intellektueller Natur.

Symmetrie?

Vielleicht halten Sie es für offensichtlich, dass jedwede Form von Schönheit, die wir dem Universum als Ganzem zuschreiben könnten, am intellektuellen Ende des Spektrums liegen muss. Weder das Ganze noch seine kleinsten Teile können wir sehen; wie also sollte es uns möglich sein, in irgendeiner Weise sinnlich auf sie zu reagieren? Erstaunlich viele Physiker geben aber auf unsere Frage eine Antwort, die – jedenfalls auf den ersten Blick – die Schönheit in den Welten der Physiker mit jener Schönheit in Verbindung bringt, die wir alle sinnlich erfahren. Sie glauben, dass sowohl die Schönheit des Kosmos als auch die all der irdischen Dinge auf ein und derselben ästhetischen Tugend beruht: der Symmetrie. Anthony Zee etwa zitiert William Blakes Gedicht über die »fearful symmetry« des Tigers im Titel seines Buches über die Schönheit der physikalischen Welt.* Symmetrische Gegenstände sind gewiss hübsch anzuschauen, und vieles von dem, was wir schön nennen, wie etwa das Taj Mahal oder Angelina Jolies Gesicht, ist auf klassische und anziehende Weise symmetrisch. Wenn wir eine Schneeflocke unter dem Mikroskop betrachten, staunen wir über ihre hexagonale Symmetrie. Und es stimmt auch, wie ich gleich ausführen werde, dass Symmetrieannahmen in der theoretischen Physik eine entscheidende und in letzter Zeit sogar eine beherrschende Rolle gespielt haben. Die Frage ist, ob die Symmetrie, die uns normalerweise entzückt, und jene, die die Physiker im Sinn haben, sich hinreichend ähnlich sind, so dass wir dem Universum vielleicht etwas zuschreiben können, das der sinnlichen Schönheit, die wir der Symmetrie in unserem Alltag verdanken, nahe genug kommt.

Beginnen wir mit einer sehr allgemeinen, technischen Definition von Symmetrie, die sowohl zu den kosmologischen als auch den alltäglichen Beispielen passt. Symmetrie bedeutet Invarianz unter einer festgelegten Transformation oder Ersetzung: Eine Sache erweist sich als symmetrisch mit Blick auf eine Veränderung, wenn diese Veränderung irgendetwas an ihr unverändert lässt. Eine Kugel ist zum Beispiel rotationssymmetrisch: Sie sieht

---

* Zee, *Magische Symmetrie*, im Original: *Fearful Symmetry. The Search for Beauty in Modern Physics*. William Blake veröffentlichte sein wohl berühmtestes Gedicht »The Tyger« 1794 in seiner Sammlung *Songs of Experience* [Anm. d. Übers.].

immer gleich aus, egal in welcher der drei Dimensionen sie gedreht wird. Ein Quadrat hingegen besitzt eine 90-Grad-Symmetrie in einer Dimension: Es sieht nur dann identisch aus, wenn man es in der Ebene um 90 Grad dreht. Eine Schneeflocke ist hexagonal symmetrisch und kann ohne Veränderung um 60 Grad gedreht werden; das Taj Mahal ist 90-Grad-rotationssymmentrisch. Angelina Jolies Gesicht ist spiegelbildsymmetrisch: Es sieht in einem Spiegel genauso aus, wie wenn wir es direkt anschauen.

All das sind irdische Symmetrien, doch die Symmetrien in der Physik sind von ganz anderer Art. Die wichtigsten von ihnen sind vielleicht auch die offensichtlichsten: Die grundlegenden Naturgesetze sind hinsichtlich jeglicher Transformationen von Raum, Zeit und Ausrichtung unveränderlich. Ob ein Experiment in Island, Chile oder (so vermuten wir jedenfalls) auf einem 300 Millionen Lichtjahre entfernten Planeten außerhalb unseres Sonnensystems durchgeführt wird – es bestätigt immer dieselben Naturgesetze. In Massachusetts gelten andere Gesetze als in Rhode Island, doch in der Natur gibt es solche Gesetzesunterschiede nicht und nirgends. Man könnte hier von den Hintergrundsymmetrien der Physik sprechen. Spezifischere Symmetrien muten vielleicht etwas spektakulärer an. So zeigte Einstein in seiner Speziellen Relativitätstheorie, dass für zwei Experimentatoren die gleichen Gesetze gelten, wenn sie sich zwar unterschiedlich schnell, aber mit jeweils konstanter Geschwindigkeit fortbewegen: Beide messen dieselbe Lichtgeschwindigkeit. In seiner Allgemeinen Relativitätstheorie zeigte er, dass die Gesetze selbst dann konstant bleiben, wenn die beiden sich nicht nur unterschiedlich schnell fortbewegen, sondern auch unterschiedlich beschleunigen: Das Licht hat für beide immer noch die gleiche Geschwindigkeit. Der Nobelpreisträger David Gross schreibt hierzu: »Einsteins große Neuerung im Jahr 1905 bestand darin, die Symmetrie an die erste Stelle zu setzen – das Symmetrieprinzip als vorrangige Eigenschaft der Natur zu sehen, die bestimmt, welche dynamischen Gesetze zulässig sind.«[9] Im Grunde basiert der Erfolg des Standardmodells auf den Symmetrien, die in seinen fundamentalen Gleichungen über Teilchen und Kräfte zum Ausdruck kommen. Brian Greene äußerte sich stellvertretend für seinen Berufsstand:

> Physiker glauben nämlich auch, dass [ihre] Theorien auf dem richtigen Weg sind, weil sie ihnen auf eine schwer zu beschreibende Weise das *Gefühl* vermitteln, richtig zu sein, und für dieses Gefühl spielen Symmetriebegriffe eine entscheidende Rolle. […][D]ie Theorien der drei Kräfte, die es außer der Gravitation noch gibt – Elektromagnetismus, starke und schwache Kernkraft –, [sind] auf andere, etwas abstraktere, aber ebenso schlüssige Symmetrieprinzipien gegründet. Die Symmetrien der Natur sind nicht bloß Konsequenzen der Naturgesetze, sondern aus moderner Sicht die Grundlage, aus der die Gesetze hervorgehen.[10]

Unsere Frage lautet aber nicht, ob Symmetrie bei der Suche nach einer »endgültigen« Theorie eine entscheidende Rolle spielt, sondern ob sie die zusätzliche Annahme erklärt, dass diese endgültige Theorie von strahlender Schönheit sein wird. Die Physiker scheinen das zu glauben. Vielleicht neigen sie zu jener von mir bereits angesproche-

---

9 David Gross, »Symmetry in Physics. Wigner's Legacy«, in: *Physics Today* 12 (1995), S. 46.
10 Siehe Brian Greene, *Der Stoff, aus dem der Kosmos ist. Raum, Zeit und die Beschaffenheit der Wirklichkeit*, München 2004, S. 261 f.

nen Fusion von Ästhetik und Wissenschaft aufgrund der Tatsache, dass wir irdische Symmetrien so häufig attraktiv finden: Wir haben eine Schwäche für symmetrische Bauwerke oder Gesichter, wohingegen wir Asymmetrien nicht selten als störend empfinden. Eine direkte Gleichsetzung von kosmischer Schönheit mit Symmetrie erscheint mir allerdings zu plump. Auch wenn ich der Meinung bin, dass die bereits entdeckten Symmetrien unseres Universums allein schon eindrucksvoll genug sind, um eine wichtige Rolle in unserer Annahme von der finalen kosmischen Schönheit zu spielen, benötigen wir dennoch eine tiefer gehende Erklärung, warum sie das tun.

Warum zu plump? Zum einen empfinden wir Symmetrie in unserem alltäglichen Erleben keineswegs immer als angenehm, was man für eine Gleichsetzung aber annehmen müsste. Obwohl wir eine besondere Vorliebe für Spiegel- und Rotationssymmetrien haben, finden wir sie gelegentlich eher langweilig als schön. Eine Wüstenlandschaft ohne Dünen oder Schatten wäre aus unserer Perspektive perfekt rotationssymmetrisch; egal, wie wir uns drehen, sie würde immer gleich aussehen. Trotzdem fänden wir sie wohl langweilig, wohingegen eine Wüste, in der es hier und da eine Düne und daher Schatten gibt, überwältigend schön ist.

Zudem dürfen wir nicht übersehen, dass die Alltagsvorstellung von Symmetrie in wichtiger Hinsicht zweideutig ist. Wir meinen nicht immer eine Form von Invarianz, wenn wir etwas als symmetrisch loben. Wenn die verschiedenen Komponenten eines Gemäldes oder eines Sonetts auf eine wie auch immer befriedigende Weise ausgewogen sind, dann sagen wir, dass sie eine gewisse Symmetrie besitzen, auch wenn sie technisch gesehen gar nicht symmetrisch sind. Das *New American Dictionary* bezeichnet diesen Sprachgebrauch als »besonderen« und definiert: »Ein gefälliges Verhältnis der Teile eines Gegenstands zueinander« (»a pleasing proportion of the parts of a thing«). Ein auffallend asymmetrisches Bauwerk könnte in diesem Sinn symmetrisch sein – etwa Richard Rogers' Lloyd-Gebäude in London oder Rem Koolhaas' CCTV Headquarters in Peking. Doch auch schiere Ausgewogenheit macht ein Kunstwerk nicht unbedingt attraktiv; sie kann auch schematisch wirken. Ob so oder anders verstandene Symmetrie für Schönheit ausreicht, ist eine komplexe Angelegenheit, die von vielen Faktoren abhängt. Außerdem ist Symmetrie eher am sinnlichen Ende des Spektrums angesiedelt: Sie ist angenehm für das Auge. Symmetrien in Gesetzen der Physik gehören hingegen ans andere, rein intellektuelle Ende; wenn sie der Grund sind, warum das Universum schön ist, muss es sich dabei um eine rein intellektuelle Schönheit handeln. Es muss die Schönheit der Gleichungen und Prinzipien sein, die diese Symmetrien erklären – die Art von reiner intellektueller Schönheit, die etwa ein eleganter mathematischer Beweis besitzt. Intellektuelle Schönheit hat aber gar nicht vorrangig etwas mit Symmetrie zu tun. Wenn ein mathematischer Beweis oder ein juristisches Argument ein Palindrom enthält, macht sie das nicht schöner.

Zudem halten wir die Asymmetrien im Bereich der Physik schon aus eigenem Interesse für mindestens so wichtig wie die Symmetrien. Das Universum mag in vielerlei Hinsicht symmetrisch sein, nicht aber in Bezug auf die Dimension der Zeit: Die Zukunft ist anders als die Vergangenheit, und dies überall. Zu jedem Teilchen im Universum gibt es ein Antiteilchen; wenn sie aufeinandertreffen, löschen sie sich gegenseitig aus. Glücklicherweise gibt es mehr Teilchen als Antiteilchen – wenn hier Symmetrie herrschen würde, könnte nichts existieren. Einige der eindrucksvollsten Symmetrien, die Physiker entdeckt haben, hatten nur für unglaublich kurze Zeit direkt nach der Geburt unseres Universums Bestand und lassen sich heute nur noch in absurd gigantischen Teilchenbeschleunigern »nachbauen«. Alles, was danach kam – etwa die Entstehung der Elemente –, war nur möglich, weil jene Symmetrien sofort gebrochen wurden. Diese Anfangssymmetrien sind zwar von enormer theoretischer Bedeutung, aber können wir wirklich die Schönheit des Universums auf so einen kurzen Moment zurückführen? Ja, wir müssen anerkennen, dass Symmetrie auf irgendeine tiefgründige Weise für die Schönheit des Kosmos entscheidend ist: Wir dürfen das »Gefühl«, etwas sei richtig, von dem Greene spricht, nicht abtun. Aber um diesen Glauben zu erklären, müssen wir noch tiefer graben.

Ist das Universum einfach so, wie es ist?

Die folgende Frage beschäftigt die Philosophie schon seit sehr langer Zeit: Ist das Universum schlicht so, wie es ist? Nicht aus irgendeinem Grund, sondern bloß, weil es nun mal so ist, wie es ist? Wird die theoretische Physik eines Tages an eine Grenze stoßen, an einen Punkt, an dem es nichts mehr zu erklären gibt? Werden wir am Ende einfach mit dem Finger auf das zeigen, was da eben ist?

Der Philosoph Gottfried Wilhelm Leibniz hielt »Es-ist-nun-einmal-so«-Erklärungen für Unsinn. Er war der Meinung, dass nichts ohne »zureichenden Grund« geschieht.

Dass Gott das Universum so geschaffen habe, sei ein zureichender Grund dafür, dass das Universum so und nicht anders ist. (Leibniz schloss hieraus, dass unsere Welt die beste aller möglichen Welten ist, weil Gott keinen Grund gehabt habe, sie nicht so gut wie möglich zu machen. Voltaire machte sich mit der Komödie *Candide oder der Optimismus* über diese Idee lustig; die darin vorkommende Figur des etwas vertrottelten Dr. Pangloss ist ein glühender Anhänger von Leibniz' Philosophie.) Andere große Philosophen und Physiker waren und sind aber der Meinung, dass die Welt, warum auch immer, einfach so ist, wie sie ist, und dass die Wissenschaft sie letztlich nur beschreiben kann. Bertrand Russell erklärte, das Universum sei »einfach vorhanden, und das ist alles«.[11] Richard Feynman, der oft als der bedeutendste Physiker seit Einstein bezeichnet wird, sagte, dass er nur darauf hoffen könne, zu erklären, wie die Dinge funktionieren, nicht aber, warum sie so funktionieren. Daher müssten wir die Natur einfach so akzeptieren, »wie sie ist – absurd«.[12]

Der gesunde Menschenverstand ist auf Leibniz' Seite. Der Gedanke, dass es eine Erklärung dafür geben muss, warum das Universum so beschaffen ist, wie es nun mal beschaffen ist, leuchtet uns unmittelbar ein. Wenn Einsteins Theorie nicht erklären kann, was im Moment des Urknalls geschah, dann muss es eine bessere Theorie geben, die das kann. Wir können nicht einfach sagen, dass die

---

11 Bertrand Russell, F. C. Copleston, »Die Existenz Gottes. Eine Diskussion zwischen Bertrand Russell und Pater F. C. Copleston, S.J.«, in: Bertrand Russell, *Warum ich kein Christ bin*, München 1963, S. 195.

12 Richard P. Feynman, *QED. Die seltsame Theorie des Lichts und der Materie*, München 1988, S. 21.

Theorie für sehr kleine Dinge eben keine Gültigkeit hat, und es dabei belassen. Theisten glauben natürlich, dass es für alles eine Erklärung gibt, nämlich die von Leibniz. Das Universum ist, wie es ist, weil Gott es so geschaffen hat. Aber wenn Atheisten denken, dass das Universum ist, wie es ist, ohne jede Erklärung, warum es so ist, müssen sie es, wie Russell, schlicht für einen ewigen, rätselhaften kosmischen Zufall halten. Das scheint zutiefst unbefriedigend.

Es stimmt natürlich, dass wir in manchen Zusammenhängen Antworten hinnehmen müssen und auch hinnehmen, die dem Begründen ein Ende setzen. »Ich mag sie einfach«, wäre eine vernünftige Antwort auf Ihre Frage, warum ich Mandeln mag. Ich will nicht bestreiten, dass es noch eine weitere Antwort geben könnte – vielleicht aus dem Bereich der Genetik oder der Psychologie –, auch wenn ich mir nicht vorstellen kann, wie diese lauten würde. Es wäre jedenfalls nicht die Art von Antwort, nach der Sie gefragt haben. Sie erwarten eine motivationale Antwort, ein Motiv, und in dieser Hinsicht bin ich überfragt. Ich kann Ihnen noch nicht einmal erklären, warum ich überfragt bin. Motivationale Erklärungen kommen einfach irgendwo an ein Ende, und dieses Ende ist hier für mich erreicht. Doch von der Physik wird erwartet, dass sie das Ende des explanatorischen Weges überhaupt ist. Wenn sie keine Erklärung der Geburt und der Geschichte des Universums liefern kann, dann gibt es überhaupt keine.

Natürlich kann die Erklärung eines natürlichen Phänomens auch mit Kontingenzen und Wahrscheinlichkeiten arbeiten. Zumindest manchen Interpretationen zufolge besagt die Quantenmechanik, dass das Verhalten von Teilchen gänzlich unbestimmt ist – wann und wo sie erscheinen und wieder verschwinden, ist vollkommen unvorhersehbar. Doch Quantentheoretiker haben ihre Theorien plausibilisiert, indem sie gezeigt haben, wie Wahrscheinlichkeiten für jene stabile Prognostizierbarkeit sorgen, der wir in der alltäglichen Welt begegnen, und das ist genau die Art und Weise, in der die Unbestimmtheit in der Erklärung eingefangen wird. Doch warum genau diese Wahrscheinlichkeiten und nicht andere? Bislang gibt uns die Quantentheorie keine Antwort auf diese Frage, und wenn die Zufallshypothese richtig ist – wenn das Universum zufällig auf eine bestimmte Weise ist –, gibt es vielleicht auch keine Antwort. Vielleicht müssen wir letzten Endes zugeben, dass die Dinge nun mal so sind, wie sie sind.

Und doch erscheint uns das als zutiefst unbefriedigend. Zum einen nämlich werden die Wissenschaftler in all den Äonen, die die Physik noch vor sich hat, nie einen Grund zu der Annahme haben, dass sie nun wirklich den Endpunkt, die Grenze dessen, was sich überhaupt erklären lässt, erreicht haben. Sie könnten niemals ausschließen, dass es möglich oder sogar wahrscheinlich ist, dass sie einfach noch nicht jenes neue mathematische oder begriffliche System gefunden haben, das ihnen den Weg aus ihrer Sackgasse weist. Das aber bedeutet, sie können niemals Grund zu der Annahme haben, dass das Universum einfach irgendwie ist. Und selbst wenn das der Fall wäre, hätte niemand Anlass dazu, es zu glauben.

Auch aus der Perspektive eines religiösen Atheisten gibt es einen Grund zur Unzufriedenheit, der sogar noch gravierender ist. Wenn das Universum grundlos einfach so ist, wie es ist, wäre es unsinnig, davon auszugehen, dass es schön oder ehrfurchtgebietend ist. Wenn überhaupt, so könnte es dann nur per Zufall schön sein. Noch schlimmer: Da wir ja nicht herausfinden können, wie es nun einmal ist, ist es uns auch nicht möglich, zu sagen, ob es kontingenterweise tatsächlich schön ist.

Müssen wir also auf die altehrwürdige philosophische Frage die entgegengesetzte Antwort geben? Dass die Erklärung des Universums, das wir bewohnen, nie an ein Ende kommen, dass es keine »endgültige« Theorie geben wird? Dass das Erklären immer nur ewig weitergehen kann, in einem unendlichen Regress, und wir uns demzufolge noch nicht einmal vorstellen können, was es hieße, einen Endpunkt zu erreichen? Diese Antwort klingt mindestens genauso unbefriedigend. Auch hier kann es keinen Grund geben, der unsere Wissenschaftler jemals dazu veranlassen könnte, sie zu glauben. Wie könnten sie auch sicher sein, dass nicht vielleicht an der nächsten Ecke doch eine wirklich endgültige Theorie auf sie wartet?

Dazu kommt ein noch fundamentaleres Problem: Ein unendlicher Erklärungsregress würde bedeuten, dass wir uns nie irgendeiner Sache wirklich sicher sein dürfen. Denn es könnte ja sein, dass eine weitere, tiefer gehende Erklärung auftaucht, die eine unserer Basisannahmen als falsch enttarnt, jedenfalls insofern, als die Schlüsse, die wir aus ihr ziehen, nicht gerechtfertigt sind.

Außerdem wäre auch diese zweite Antwort nicht wirklich mit dem religiösen Glauben des Atheisten an die Schönheit des Universums vereinbar, und zwar aus einem sehr ähnlichen Grund wie die erste. Die Schönheitsannahme handelt davon, wie die Dinge wirklich sind: Der betreffende religiöse Glaube des Atheisten hat zum Inhalt, dass das Universum wirklich, im Kern und gemäß einer finalen Erklärung von allem schön ist. Dieser Gedanke wäre unverständlich, wenn es überhaupt keinen Kern, keine endgültige Erklärung gäbe. Wenn wir den unendlichen Erklärungsregress akzeptieren müssen, wird Schönheit zum trügerischen Schein.

Zwangsläufigkeit und das Universum

Entscheiden wir uns für eine dieser beiden offensichtlichsten Antworten auf unsere philosophische Frage, so müssen wir uns von der sehr verbreiteten Annahme verabschieden, dass das Universum letztlich mithilfe einer wie auch immer gearteten allumfassenden Theorie vollständig verstanden werden kann. Wir können das Universum nicht verstehen, wenn wir seine immensen Weiten und Komplexitäten einfach als nicht weiter erklärbare Kontingenzen betrachten oder als ein Rätsel, an dessen Lösung wir uns auf ewig die Zähne ausbeißen müssen. Doch es gibt eine dritte Möglichkeit. Der Physiker George Musser beschreibt sie so:

> [Physiker] versuchen, die ganze physikalische Welt auf ein paar Gleichungen herunterzukochen, die so kompakt sind, dass man sie auf ein T-Shirt drucken kann, das dann alle coolen Leute tragen. Nein, um ehrlich zu sein, sind die modischen Ambitionen der Physiker bescheidener: Eigentlich hoffen sie, eine Theorie zu entwickeln, die noch nicht mal ein T-Shirt als Unterlage braucht, weil sie so verdammt offensichtlich ist. […] Sie werden herausfinden, dass die Dinge so sind, wie sie sind, weil sie gar nicht anders sein können. […] Es ist schwer, in irgendeinem Zweig der Physik eine konsistente Theorie zu entwerfen, weil schöne Hypothesen die ärgerliche Angewohnheit haben, unter dem Gewicht ihrer eigenen internen Widersprüche zusammenzubrechen. Die Tatsache, dass es so lange dauert, eine Theorie der Quantengravitation zu

formulieren, bereitet Physikern eine geradezu perverse Freude. Wenn es ihnen schließlich gelingt, werden sie ziemlich sicher sein, dass sie richtig ist, weil es wahrscheinlich keine Alternative geben wird.[13]

Einstein war derselben Ansicht. Obwohl er nicht an Gott glaubte, brachte er ihn gern als Metapher ins Spiel, und zwar so, wie andere Leute das auch tun, wenn sie eine ultimative Wahrheit beschreiben wollen. Als er zum ersten Mal von der Unschärferelation der Quantenmechanik hörte, sagte er, das könne nicht stimmen, weil Gott »nicht würfelt«. Die Wahrheit über die Struktur des gesamten Universums, so dachte er, könne nicht in einem Zufall bestehen. Es müsse eine notwendige Wahrheit sein – die vielleicht nicht, wie Musser es formuliert, »so verdammt offensichtlich« ist, aber doch unausweichlich.

Wir stehen vor einem Rätsel. Wie ist es möglich, dass unser Universum *notwendig* oder *zwangsläufig* so ist, wie es eben ist? Diese Behauptung ist um einiges stärker als die geläufigere Idee eines physikalischen und psychischen Determinismus, dem zufolge die Zukunft vollkommen durch die Vergangenheit bestimmt ist: Zu jedem beliebigen Zeitpunkt in der Vergangenheit ist durch den Zustand der Welt und die Naturgesetze bereits ausnahmslos festgelegt, was weiter geschehen wird. Für die meisten Menschen besteht die erschreckendste Konsequenz eines so verstandenen Determinismus darin, dass wir dann keinen freien Willen mehr hätten: Unser Eindruck, dass wir entscheiden können, was wir tun, ist eine Illusion, weil das, was wir tun, durch das Wirken der Naturgesetze auf

13 George Musser, *The Complete Idiot's Guide to String Theory*, New York 2008, S. 188.

unser Gehirn bestimmt wird. Die These der Zwangsläufigkeit geht noch einen großen Schritt weiter: Ihr zufolge ist nicht nur festgelegt, was aufgrund der Naturgesetze aus einer bestimmten Vergangenheit folgen wird, sondern festgelegt ist auch, wie diese Naturgesetze beschaffen sein müssen und was der Startpunkt von allem gewesen sein muss.

Was könnte eine derart starke These rechtfertigen oder auch nur verständlich machen? Stellen wir uns eine »endgültige« Theorie vor, die umfassende Gesetze präsentiert, welche die Geburt des Universums und seine gegenwärtige Beschaffenheit im Ganzen und in all seinen Teilen zu erklären vermögen, Gesetze, die zu allen bereits vorhandenen Beobachtungen passen und alle zukünftigen vorhersagen. Nehmen wir weiter an, dass nicht das Geringste an dieser Theorie geändert werden darf, weil sie ansonsten ihre Erklärungskraft vollständig einbüßte. Wir könnten uns zum Beispiel vorstellen, dass sie durch eine Änderung gleich welcher Art selbstwidersprüchlich werden würde. Weinberg zufolge hat die von ihm anvisierte endgültige Theorie gerade diese Eigenschaft:

Wenn man die allgemeinen physikalischen Prinzipien kennt, von denen Einstein ausging, versteht man, daß Einstein zu keiner nennenswert davon abweichenden Theorie der Gravitation hätte kommen können. Wie Einstein über die allgemeine Relativitätstheorie sagte: »Der Hauptreiz der Theorie liegt in ihrer logischen Geschlossenheit. Wenn eine einzige aus ihr geschlossene Konsequenz sich als unzutreffend erweist, muß sie verlassen werden; eine Modifikation erscheint ohne Zerstörung des ganzen Gebäudes unmöglich.[14]

---

14 Siehe Weinberg, *Der Traum von der Einheit des Universums*, S. 142.

»Starke Integrität« wäre eine Bezeichnung für das, was eine solche Theorie auszeichnet. Leider genügt starke Integrität allein aber nicht, um das philosophische Rätsel, vor dem wir stehen, zu lösen, weil man selbst im Fall einer Theorie, die die entsprechenden Bedingungen erfüllt, durchaus fragen könnte, ob die zu allen Beobachtungen passende und sie vorhersagende Theorie kontingenterweise starke Integrität aufweist, oder ob für diesen Umstand wiederum eine Erklärung gefunden werden kann. Nun fügen wir aber noch eine zweite Anforderung hinzu: Die Theorie, die wir vor Augen haben, muss ihre starke Integrität irgendwie *absichern* – indem *sie selbst Gründe liefert*, die zeigen, dass die Idee einer weiteren Erklärung gar nicht erst aufkommen kann, weil sie keinen Sinn ergibt.

Zwangsläufigkeit in der Wissenschaft, so lautet also mein Vorschlag, heißt abgesicherte starke Integrität. Ich werde gleich anhand einiger Beispiele zeigen, wie in der zeitgenössischen Physik versucht wird, eine solche Integrität sicherzustellen. Doch zuvor sollten wir uns klarmachen, dass die wissenschaftliche Komponente der geläufigen theistischen Religionen darauf abzielt, genau diese Bedingungen zu erfüllen. Wir alle kennen das entsprechende Argument: Man kann unsere hochkomplexe Welt und insbesondere die außerordentliche Komplexität des menschlichen Lebens durchaus vollständig erklären, allerdings nur, wenn man unterstellt, sie seien von einer übernatürlichen, allwissenden und allmächtigen Intelligenz geschaffen worden. Ist das einmal akzeptiert, lässt sich alles, was wir tun oder beobachten können, mit diesem Schöpfungsakt erklären. Es ist nämlich aufgrund der jener übernatürlichen Macht zugeschriebenen Absichten unausweichlich. Der Leibniz'sche Ansatz ist ein gutes Beispiel für eine solche Sichtweise.

Doch das philosophische Rätsel ist damit noch nicht gelöst, denn was erklärt die Existenz einer solchen Intelligenz? Ist sie purer Zufall? Dann wäre die Existenz von allem nur ein lächerlicher Zufall. Oder gibt es im Gegenteil etwas, das die Existenz Gottes erklärt? Doch dann würde der unendliche Regress losgetreten. Die Wissenschaft der Gottesreligionen muss sich gegen solche Fragen abschirmen.

Schon bei Platon, am deutlichsten aber in der *Physik* und der *Metaphysik* von Aristoteles wurde angenommen, dass der Schutzschirm vom philosophischen Dilemma selbst bereitgestellt wird. Weil alles, was eine Ursache hat, aus irgendeinem Grund existiert, und weil ein unendlicher Regress unmöglich ist, muss es eine nichtverursachte Ursache geben, einen ersten unbewegten Beweger, einen Gott. In der Philosophie des Mittelalters wurde die Argumentation dann etwas komplexer. Anselm von Canterbury entwickelte eine Variante des ontologischen Gottesbeweises: Weil die Idee von Gott seine Existenz voraussetzt und weil wir diese Idee verstehen können, muss Gott existieren. Gott ist also eine begriffliche Notwendigkeit, weshalb der Gedanke, seine Existenz sei ein Zufall, ebenso wenig Sinn ergibt wie der, dass sie einer kausalen Erklärung bedarf. Es gibt noch andere Spielarten des Arguments, zum Beispiel: Weil Gott ewig ist, steht er außerhalb der Zeit, und wir können uns Kontingenz und Kausalität überhaupt nur innerhalb einer zeitlichen Abfolge vorstellen. Augustinus sagte etwas ganz Ähnliches: Weil Gott die Zeit geschaffen hat, ist die Frage, was vor Gott kam, witzlos. Sehr viel theologischer Scharfsinn, ja Genialität, ist in diese Argumentationen geflossen, aber wir können sie allesamt als Versuche interpretieren, die abgesicherte starke Integrität der Wissenschaft einer Gottesreligion zu fixieren.

Die Mathematik verfügt über starke Integrität. Es ist unmöglich, eine wahre Aussage zu bestreiten, ohne das gesamte System zu unterminieren. Doch auch das müssen wir absichern: Wir müssen erklären, warum es unangemessen wäre, nach einem Grund dafür zu fragen, dass mathematische Wahrheiten notwendig wahr sind. Das tun wir, indem wir auf die bereits im ersten Kapitel beschriebene begriffliche Isolation der Mathematik verweisen. Sobald wir verstanden haben, was Mathematik ist, erkennen wir, dass die Annahme, irgendetwas außer einer mathematischen Überzeugung oder einem mathematischen Argument könne für oder gegen eine mathematische Aussage sprechen, keinen Sinn ergibt. Die Frage, warum es notwendig wahr ist, dass die Summe aus fünf und sieben zwölf ist, mag nach einem mathematischen Beweis verlangen. Aber sobald jemand nach einer externen Erklärung für diese oder andere mathematische Notwendigkeiten fragt, wird es Nonsens. Die Notwendigkeit der Mathematik ist also auf diese Weise abgesichert. Ich habe mich im Rahmen meiner Beschreibung eines unbedingten Werterealismus dafür ausgesprochen, dass der Bereich der Werte auf dieselbe Weise über eine abgesicherte Integrität verfügt. Ein vernünftiges System moralischer Überzeugung verfügt über starke Integrität – über einen Zusammenhalt insofern, als jedes in ihm enthaltene persönliche oder politische Moralurteil alle anderen stützt –, und diese Integrität ist, wie im Fall der Mathematik, durch die begriffliche Wahrheit abgesichert, dass ein Werturteil nur durch ein anderes gestützt werden kann.[15]

---

15 Ich habe diese Position in *Gerechtigkeit für Igel* ausführlich verteidigt und will mit diesen Bemerkungen nur auf den Zusam-

Es ist sehr leicht zu verstehen, warum die Mathematik und der Bereich der Werte gegen Fragen nach ihrer Entstehung oder kausalen Herkunft immun sind. Da die Randgebiete der Physik jedoch nach wie vor zur Physik gehören, gibt es dort keine abgeschotteten Bereiche. Die Kosmologie muss ihre eigene Abschirmung generieren, aus ihrem Bereich heraus, was für unsere Argumentation bedeutet, dass wir wieder zur Physik zurückkehren müssen. Die Forderung nach starker Integrität ist unter Physikern nichts Neues, und ich habe ja bereits Einsteins, Weinbergs und Mussers Formulierungen dieser Forderung zitiert. Eine erfolgreiche Theorie der Quantengravitation würde die Gleichungen, mit denen wir die Schwerkraft beschreiben, und die des Standardmodells unter einen Hut bringen, indem sie sich als eine umfassendere Theorie erweist, aus der beide Gleichungssysteme erst hervorgehen. Das würde die Einheit der Physik dramatisch beschleunigen, weil es dann unmöglich wäre, irgendeine dieser Gleichungen zu ändern, ohne die Theorie im Ganzen zu beschädigen – ohne also letztlich eine vollkommen neue Theorie nötig zu machen. Als man unlängst und für kurze Zeit dachte, dass Neutrinos sich schneller als mit Lichtgeschwindigkeit fortbewegen, war das keine Kleinigkeit. Wenn sich das als wahr herausstellen würde, so vielmehr die Befürchtung, würde in der Kosmologie und der Teilchenphysik kein Stein mehr auf dem anderen bleiben.

Symmetrien bestimmter Art sind von wesentlicher Bedeutung für starke Integrität. Wir müssen schon davon ausgehen, dass sowohl die Gesetze, die für lokale Phäno-

menhang der hiesigen Argumentation mit den dort zu findenden Überlegungen hinweisen.

mene gelten, als auch die relativen Massen von Elektronen und Protonen zu ganz anderen Zeiten und an weit entfernten Orten die gleichen sind. Andernfalls könnte es keine im starken Sinne integrierte Theorie von allem geben. Die Physiker haben die Integrität ihrer Theorie erheblich verbessert, als sie ihren Teilchenzoo durch Quarks ersetzten. Bis dahin war es möglich, eine lange Liste von Teilchen und ihrer Wirkungen in vielen Hinsichten zu modifizieren, ohne dass sich das auf den Rest ausgewirkt hätte; die Typen von Quarks und die mit ihnen zusammenhängenden Gesetze stärken die Integrität. Ein weiterer dramatischer Schritt in diese Richtung war die Entdeckung, dass es sich bei zwei scheinbar unterschiedlichen Kräften der Natur – dem Elektromagnetismus, der etwa die Wechselwirkung zwischen Elektronen und Protonen innerhalb von Atomen bestimmt, und der »starken« Kernkraft, von der die Protonen selbst zusammengehalten werden – nicht um voneinander unabhängige Kräfte handelt, deren Zusammenspiel extern erklärt werden muss, sondern dass sie beide wiederum von fundamentaleren Gesetzen bestimmt werden, die den Zusammenhang zwischen ihnen stiften.

Die Physik ist noch nicht vollständig integriert, ja, sie ist noch nicht einmal nah dran. Dass eine Theorie der Quantengravitation fehlt, ist ein Dauerproblem und reicht für sich genommen schon aus, um dieses Ziel in weite Ferne zu rücken. Aber wir müssen nun einsehen, dass selbst eine vollkommen integrierte Theorie von allem das altehrwürdige philosophische Rätsel nicht lösen würde. Nehmen wir an, es gelänge, eine Version der Stringtheorie zu formulieren, die, wie Musser es ausdrückt, »verdammt offensichtlich« ist, weil sie, wie sich herausstellt, die einzige intern konsistente Theorie ist, die die notwendige Einheit stiften könnte. Selbst dann könnten wir immer noch sinnvoll fragen: Sind die Saiten, die die Quantengravitation erklären, einfach kontingenterweise da? Haben sie einfach irgendwann begonnen, in zehn Dimensionen zu vibrieren? Oder gibt es etwas anderes, noch Fundamentaleres, das die vibrierenden Strings erklärt? Und wenn ja – was wäre wiederum dafür die Erklärung?

Die Naturwissenschaft ist also noch auf der Suche nach Absicherung und hofft diese, wie übrigens auch die Theologie, im Reich der Begriffe zu finden. (In dieser Hinsicht ist die säkulare Wissenschaft der wissenschaftlichen Komponente der Theologie erstaunlich ähnlich geworden.) Zumindest eine Zeitlang hielt man es in Kosmologenkreisen für ausgemacht, dass der Urknall der eigentliche Ursprung von Raum und Zeit ist; Fragen nach dem Warum, dem Wo oder dem, was davor geschah, galten dementsprechend als ebenso albern wie die Frage, was sich wohl nördlich des Nordpols befindet. Wir können zwar sagen, wie alt das Universum ist – anscheinend ungefähr vierzehn Milliarden Jahre –, weil die Zeit selbst dieses Alter hat, doch wie lange es davor nicht existiert hat, entzieht sich nun mal unserer Kenntnis. Daraus ergibt sich, dass die Frage nach dem Warum sinnlos ist, denn Erklärungen physikalischer Phänomene setzen Kausalität voraus, und Kausalität wiederum setzt Zeit und Raum voraus. Das Erklären kommt also notgedrungen mit einer Beschreibung des Urknalls mit seinen zwangsläufigen Konsequenzen an ein Ende. Weil es überhaupt keinen Regress gibt, gibt es auch keinen unendlichen. Wir brauchen auch nicht zu verkünden, dass unser Universum ein unordentliches Produkt des Zufalls ist. Klar, wir können nicht begründen, warum in ihm gerade die Gesetze gelten, die nun mal in ihm gelten. Aber etwas ist nur dann ein Zufallsprodukt, wenn es genauso gut hätte anders sein können, und noch nicht einmal das können wir vom Urknall behaupten. Um ihn einen Zufall zu nennen oder irgendein anderes Wahrscheinlichkeitsurteil zu fällen, bräuchten wir zumindest eine vage Vorstellung von der Situation, aus der er hervorging. Wir können aber noch nicht einmal behaupten, dass er aus etwas hervorging, und schon gar nicht, dass wir auch nur die leiseste Ahnung davon haben, wie das vonstattengegangen sein könnte.

Vielleicht ist diese Darstellung der Geschichte des Universums mittlerweise bereits überholt. Sie zeigt aber, dass ein Schutzschirm, um wirksam zu sein, aus ebender Theorie gewonnen werden muss, die er absichern soll, und nicht nachträglich installiert werden darf. Der springende Punkt der Geschichte ist, dass Zeit und Gesetz selbst erst mit dem Urknall zu existieren beginnen, weshalb rein gar nichts über die Begleitumstände dieses Ereignisses gesagt werden kann. In den letzten Jahren wurde aber eine erweiterte Kosmologie vorgeschlagen und zu einem gewissen Grad erforscht. Ihr zufolge ist unser Universum nicht einzigartig, sondern Teil eines »Multiversums« zahlloser und vielleicht sogar unendlich vieler Universen, einer unvorstellbar riesigen »Landschaft«, in der kontinuierlich neue Universen auftauchen wie Blasen in einem köchelnden Haferbrei. Verschiedene Theorien wurden in Umlauf gebracht, um das Entstehen eigenständiger Universen im Multiversum zu erklären. Eine besagt zum Beispiel, dass das Multiversum sich mit exponentiell steigender Geschwindigkeit immer weiter aufbläht, wodurch Segmente individuelle kausale Horizonte bekommen und so vom

Rest abgetrennt werden, woraus sich dann individuelle Universen entwickeln. Eine andere Theorie ist, dass neue Universen in schwarzen Löchern bereits existierender Universen entstehen, in einer Kettenreaktion kosmischer Schöpfung. Vorgeschlagen wurde auch, dass Universen aus Quantenfluktuationen in Landschaften entstehen, die keinerlei Materie enthalten – also gewissermaßen aus dem Nichts.

Der Multiversum-Hypothese wird auch zugetraut, eine schlagende Antwort auf ein Argument zu liefern, das Theisten gerne zugunsten ihrer Position vorbringen. Es lautet: Unser Universum ist gerade so eingerichtet, dass es Leben in ihm geben kann. Wenn es anders wäre, und sei es nur in minimalen Hinsichten – wenn zum Beispiel die Kraft, die der Gravitation zwischen Galaxien entgegenwirkt und es dem Universum dadurch gestattet, sich auszudehnen, nur einen Hauch stärker oder schwächer wäre –, dann könnte keine Form von Leben existieren. Diese Tatsache wird oft als »anthropisches« Prinzip bezeichnet und liegt vielen Versuchen, für die Existenz eines Gottes zu argumentieren, zugrunde: Dass unser Universum so passgenau für das Leben eingerichtet ist, könne doch kein bloßer Zufall sein – das wäre einfach zu unwahrscheinlich. Es müsse eine Erklärung geben, und die einzige, die überhaupt in Frage käme, sei göttliche Schöpfung. Dagegen tritt die Multiversum-Hypothese an. Ihr zufolge ist unser Universum tatsächlich nicht zufällig so eingerichtet, dass Leben möglich ist, doch um das anthropische Prinzip zu erklären, müsse man trotzdem keinen Schöpfergott bemühen. Wenn kontinuierlich unzählige Universen geboren werden und wieder vergehen, ist es unvermeidlich, dass zumindest ein Universum entsteht, in dem genau unsere

Naturgesetze gelten. Es wäre einfach zu unwahrscheinlich, wenn es *nicht* wenigstens ein solches Universum gäbe.

Wäre es demnach ein Zufall, dass Leben genau auf
dem einen unter all den zahllosen Milliarden Universen
vorkommt, das fürs Leben eingerichtet ist? Nein, natürlich nicht. Wo sollte es sonst auftauchen? Aber stünden
wir dann nicht immer noch vor der Frage, warum es jene
gigantische Landschaft gibt, wo Universen wie Luftbläs-
chen hochköcheln? Purer Zufall? Oder können wir einen
Grund dafür finden? Erneut könnte man denken, dass die
Hypothese eigenständiger Universen einen Schutzschirm
bereitstellt. Wir stoppen den infiniten Regress, indem wir
– erneut – darauf hinweisen, dass wir zwar unter Umständen begründen können, warum noch andere Universen
existieren, es uns aber aus begrifflichen Gründen gewissermaßen untersagt ist, die Frage nach der Ursache ihres
Entstehens und Vergehens zu stellen. Denn selbst wenn
es Heerscharen von Universen geben sollte: Unser Begriff
von Kausalität beruht auf den Gesetzen unseres Universums und kann nicht einfach exportiert werden. Natürlich
sind noch andere Strategien begrifflicher Absicherung
denkbar, und wie ich bereits gesagt habe, verfügen wir
noch nicht über eine vollständig integrierte Theorie, die
dann abgesichert werden müsste. Dennoch machen solche Überlegungen deutlich, welche Bedingung mit dieser
Art von Zwangsläufigkeit einhergeht. Alle Schutzmaß-
nahmen, die ich beschrieben habe, haben ihren Ursprung
in ebender Theorie, die sie absichern sollen; sie werden ihr
nicht von außen als *dei ex machina* übergestülpt.

Eine umfassende »endgültige« Theorie würde die Zwangsläufigkeit der Naturgesetze in größtmöglichem Umfang
und Detail aufzeigen – wobei Zwangsläufigkeit hier nur
auf die eine Weise verstanden werden darf, die mit der
einschlägigen Logik der Erklärung vereinbar ist. Wenn
das *grosso modo* richtig ist, steht uns nun eine Lösung für
den ersten Teil unseres Gleichungssystems ins Haus. Sie
besteht darin, die unter Physikern weitverbreitete Annahme, dass unser Universum verstehbar ist, mit einem
möglichen Kandidaten für die Art von Schönheit zu
verknüpfen, von der so viele von ihnen behaupten, dass
sie dem Universum zukommt. Sie empfinden die Tatsache als schön (wenn es überhaupt eine Tatsache ist), dass
die Gesetze, die alles bestimmen, was in den Weiten des
Alls und den kleinsten Details des Seins existiert, auf so
filigrane Weise miteinander verwoben sind, dass jedes
einzelne von ihnen nur durch die anderen erklärbar ist,
das heißt: Nichts könnte anders sein, denn sonst gäbe es
nichts.

Das führt uns zum zweiten Problem unseres Gleichungssystems. Ist das wirklich Schönheit? Immerhin
scheint es durchaus möglich zu sein, diese Zwangsläufigkeit vollkommen leidenschaftslos in Augenschein zu nehmen und sie als wertneutrale Eigenschaft der Gase und
Energien einzustufen. Wahrscheinlich wäre das genau die
Reaktion jener im ersten Kapitel beschriebenen skepti-
schen Naturalisten. Diese würden womöglich zugestehen,
dass sie die Idee einer solchen Zwangsläufigkeit aufregend
oder angenehm finden. Vielleicht geben sie auch eine
emotionale Reaktion auf sie zu Protokoll, die derjenigen

ähnelt, die ein symmetrisches Bauwerk oder ein hübscher Sonnenuntergang bei ihnen auslöst. Ich frage hier aber nach etwas völlig anderem: nach dem Staunen von Wissenschaftlern, die glauben, dass die von ihnen empfundene Schönheit des Kosmos ebenso real ist wie Elektronen, Kopfschmerzen oder Galaxien. Dieser Gedanke ginge verloren, wenn wir die Zwangsläufigkeit nicht als einen Aspekt oder eine Dimension von wirklicher Schönheit in einem allgemeineren Sinn verstehen, der im ganzen Spektrum der von mir bereits beschriebenen irdischen Formen von Schönheit präsent ist.

Suchen wir aber in jenem Spektrum nach Zwangsläufigkeit, werden wir rasch fündig. An einem großen Kunstwerk bewundern wir unter anderem – aber nur unter anderem! –, dass innerhalb seiner Grenzen jeder seiner Bestandteile wesentlich für alle anderen ist. Der Anfang kann vom Ende her verstanden werden, das Oberste vom Untersten, das Zentrum von den Rändern. Das Kunstwerk ist, um den Ausdruck zu verwenden, den ich für die Physik vorgeschlagen habe, vollständig integriert. Darüber hinaus sind seine Grenzen keineswegs willkürlich: Wie in der Physik werden sie gewissermaßen von innen heraus gesetzt. Der Roman schafft seinen eigenen Anfang und sein eigenes Ende. Wir können wohl fragen, warum er beginnt, wo er beginnt, aber diese Frage können wir nur an ihn selbst richten. Wir finden die Antwort zwischen den Buchdeckeln, und zwar dadurch, dass wir seinen Anfang als eine literarische Entscheidung interpretieren, abhängig von unserer bevorzugten Theorie, die wir mit Blick darauf, was dieses Werk zu einem Kunstwerk macht, im Hinterkopf haben – welche auch immer das sein mag. Wir brauchen sowohl in der Kosmologie als auch in der

Kunst eine Theorie, die der einschlägigen Analyse oder Erklärung Grenzen setzt und auf diese Weise die von uns angestrebte Integrität absichert. In der Kunst ist das eine Theorie des Werts von Kunst. Ich werde gleich ein paar Beispiele bringen, damit wir nicht in Abstraktheit ersticken. Aber zuvor muss ich auf wichtige Einschränkungen zu sprechen kommen. Natürlich ist die Integrität, die ich zu beschreiben trachte, nicht hinreichend, um etwas zu einem großen oder auch nur passablen Kunstwerk zu machen: Sie ist lediglich eine Dimension, die zum Wert eines Kunstwerks beiträgt. Sie ist nicht einmal notwendig, da sie manchmal überhaupt nicht angestrebt oder sogar aktiv vermieden wird, denken Sie etwa an Aktionskunst, atonale Musik, Action-Painting oder die Bewusstseinsstrom-Literatur.

Nun zu den Beispielen. Das erste stammt von Weinberg, der einen Vergleich zwischen Physik und Kunst anstellt. Er schreibt: »Bei Raffaels *Heiliger Familie* ist die Anordnung der Figuren auf der Leinwand vollkommen. Dies mag von allen Gemälden der Welt nicht Ihr Lieblingsbild sein, doch wenn Sie es betrachten, finden Sie nichts, von dem Sie wünschen, Raffael hätte es anders gemacht.«[16] Das ist vielleicht ein bisschen übertrieben, aber wirklich nur ein bisschen. Viele Meisterwerke erzeugen in uns diesen Eindruck der Zwangsläufigkeit, zumindest wenn wir sie das erste Mal betrachten. Man hat das Gefühl, dass jede Veränderung eine Katastrophe wäre – etwas Schönes würde ins Banale kippen, etwas Notwendiges kontingent werden. Als Kaiser Joseph II. Wolfgang Amadeus Mozart mitteilte, seine Oper *Die Hochzeit des Figaro* habe »ge-

---

16 Siehe Weinberg, *Der Traum von der Einheit des Universums*, S. 142.

waltig viel Noten«, antwortete Mozart, verdutzt, sie habe gerade so viel, als nötig seien. Und er hatte recht. Selbst wenn eine Gedichtzeile uns vollkommen überraschend trifft – weil sie eine »delphinzerrißne, gonggequälte See« beschwört –, erscheint sie uns plötzlich trotz ihrer Rätselhaftigkeit als zwangsläufig.* Geradezu körperlich fühlen wir die Erwartungen, die tonale Musik in uns weckt: Wir sehnen uns nach einer Auflösung und wenn sie dann kommt, erscheint sie uns als alternativlos. Hörend erkennen wir, dass der fantastische Akkord zwangsläufig kommen musste.

Henry James bringt diesen Punkt in seinem (wie üblich schwierigen) Vorwort zum Roman *Die Gesandten* aus der Perspektive des Künstlers zum Ausdruck:

Dem Gesetz seines Genies entsprechend glaubt der Dramatiker stets nicht bloß an die Möglichkeit eines richtigen Themas von einem richtig-vorgestellten engen Ort; er geht sehr viel weiter: Jeder vertretbare Hinweis bestärkt ihn darin, (unabhängig davon, um welches Thema es geht) unverrückbar an die notwendige, die teure »Enge« dieses Orts zu glauben. Und da ich also einen solchen Hinweis mit großem Eifer aufgegriffen hatte, stellte sich die Frage, zu welcher Geschichte Kern er unvermeidbar werden würde. Zum Reiz solcher Fragen gehört es, dass der »Geschichte«, wenn die Omen sich bewahrheiten, wie ich bereits erklärt habe, nach diesem Punkt die Authentizität konkreten Seins zu eigen ist. Im Grunde existiert sie nun bereits – sie beginnt zu existieren, wenn auch unter Umständen auf mehr oder weniger verborgene Weise, so

---

* William Butler Yeats, »Byzantium«, in: Ders., *Werke*, hg. von Werner Vordtriede. Bd. 1: *Ausgewählte Gedichte*, Neuwied 1970, S. 216 [Anm. d. Übers.].

dass die Frage nicht etwa ist, was aus ihr zu machen wäre, sondern großartiger- und beschämenderweise nur, wo man eingreifen sollte.[17]

Jedes Strukturierungsmittel im Arsenal der Kunst – Gattung, Harmonie, Vers, Metrum und dergleichen – kann zu diesem Gefühl von Zwangsläufigkeit beitragen, und ihre Geschichte und Wirkmächtigkeit hat womöglich etwas mit unserem Verlangen nach ihnen zu tun. Was wir über die Form des Sonetts wissen, trägt enorm dazu bei, dass uns die Auflösung eines guten Sonetts rückblickend als zwangsläufig erscheint. Unser Entzücken über Cole Porters Binnenreime, auch wenn sie weniger tiefgründig sein mögen, basiert auf dem gleichen Prinzip. Ich muss aber aufpassen, dass ich diesen Punkt nicht überstrapaziere. Meine These ist nicht, dass große Kunst bis ins kleinste Detail stark integriert ist. Ich will lediglich sagen, dass das Integritätsniveau zu ihrer Großartigkeit beiträgt. Zweifelsohne lassen sich einzelne Zeilen im *Macbeth* ändern – und tatsächlich ist das auch in diversen Ausgaben geschehen –, ohne das Stück zu beschädigen. Dennoch hängt dessen Großartigkeit zu einem Gutteil davon ab, inwiefern die Bilder, die es in uns evoziert, integriert sind. Nicht nur tragen die meisten dieser Bilder dazu bei, dass das Stück insgesamt seine Kraft entfaltet, sondern sie unterstreichen auch die Wirkung anderer Bilder und – ganz zentral – gestalten den Eindruck, dass die Tragödie so enden muss, wie sie es tut. Integrität und Zwangsläufigkeit spielen nicht nur bei Kunstwerken im konventionellen Sinne eine Rolle.

---

17 Henry James, »The Ambassadors. Preface to the New York Edition (1909)«, in: Ders., *Literary Criticism*, Bd. 2, New York 1984, S. 1308.

Sie sind in dem ganzen von mir beschriebenen Spektrum präsent: von der ganz und gar sinnlichen bis zur rein intellektuellen Schönheit. Ebenso wie für das Gedicht oder das Theaterstück gilt auch für den mathematischen Beweis oder das juristische Argument: Sie werden schöner, wenn unnötige Zeilen oder Annahmen entfernt werden, weil dadurch noch evidenter wird, dass sie genau so sein mussten, wie sie sind. Für diejenigen unter uns, die Schönheit für etwas Reales halten, geht die wissenschaftliche Annahme, das Universum sei letzten Endes vollständig verstehbar, mit der religiösen Überzeugung einher, dass es vor wirklicher Schönheit erstrahlt.

3
Religionsfreiheit

Die Frage der Verfassungen

Religion taucht überall in der Welt in politischen Verfassungen und Menschenrechtserklärungen auf. In Artikel 18 der von den Vereinten Nationen verkündeten *Allgemeinen Erklärung der Menschenrechte* heißt es: »Jeder hat das Recht auf Gedanken-, Gewissens- und Religionsfreiheit; dieses Recht schließt die Freiheit ein, seine Religion oder seine Weltanschauung zu wechseln, sowie die Freiheit, seine Religion oder seine Weltanschauung allein oder in Gemeinschaft mit anderen, öffentlich oder privat durch Lehre, Ausübung, Gottesdienst und Kulthandlungen zu bekennen.«[1] Dieselbe Zusicherung findet sich in der Europäischen Menschenrechtserklärung, die außerdem ergänzt: »Die Freiheit, seine Religion oder Weltanschauung zu bekennen, darf nur Einschränkungen unterworfen werden, die gesetzlich vorgesehen und in einer demokratischen Gesellschaft notwendig sind für die öffentliche Sicherheit, zum Schutz der öffentlichen Ordnung, Gesundheit oder Moral oder zum Schutz der Rechte und Freiheiten anderer.«[2] Der

---

1 Siehe *Resolution 217 A (III)* der Generalversammlung vom 10. Dezember 1948; siehe ⟨www.un.org/depts/german/grunddok/ar217a3.html⟩, letzter Zugriff: 15.1.2014.

2 Siehe Konvention zum Schutze der Menschenrechte und Grundfreiheiten i. d. Fassung des Protokolls Nr. 11, ⟨http://conventions.coe.int/treaty/ger/treaties/html/005.htm⟩, letzter Zugriff: 15.1.2014.

Erste Zusatzartikel zur US-amerikanischen Verfassung gestattet es dem Staat weder, eine Religion zu begründen,
noch die freie Religionsausübung einzuschränken.

Diese Vorschriften haben, so die allgemeine Einschät-
zung, enorme politische Konsequenzen. Sie untersagen es
dem Staat eindeutig, sowohl die Zugehörigkeit wie auch
die Nichtzugehörigkeit zu einer herkömmlichen Religion
zu sanktionieren. Meistens, wenn auch nicht immer und
überall, werden sie außerdem so interpretiert, dass es ihm
verboten ist, eine Religion zur offiziellen Staatsreligion zu
erklären oder eine beziehungsweise alle Religionen durch
Subventionen oder anderweitige Sonderrechte zu unterstützen oder gesetzliche Regelungen zuzulassen, die auch
nur den Eindruck erwecken, eine Religion sei den anderen vorzuziehen oder es sei überhaupt besser, einer Religion anzuhängen als keiner. In diesem Kontext macht es
natürlich einen erheblichen praktischen Unterschied, was
als Religion zählt. Ist Religion, aus Sicht dieser Vorschriften, auf Meinungen über die Existenz oder das Wesen
eines Gottes beschränkt? Oder sind damit alle religiösen
Überzeugungen gemeint, also auch jene, die meiner Interpretation zufolge Atheisten haben können? Wenn die
freie Religionsausübung auf den Theismus oder dessen
Zurückweisung beschränkt wäre, würde sie beispielsweise das Recht auf Abtreibung nicht schützen. Es ist
natürlich richtig, dass sehr viele Abtreibungsgegner meinen, ein Gott habe diese Praxis verboten. Aber nicht jede
Form des Widerstands gegen Schwangerschaftsabbrüche
hat theistische Wurzeln, und nur wenige Frauen, die sich
zu einem Abbruch entscheiden, glauben, dass Gott das
von ihnen verlangt. Wenn Religionsfreiheit andererseits
nicht auf wie auch immer gelagerte Meinungen über ei-

nen Gott beschränkt ist, sondern alle tiefen Überzeugung im Hinblick auf den Sinn und die Verantwortlichkeiten des Lebens umfasst, scheint es durchaus denkbar zu sein, dass das Recht auf Abtreibung eine religiöse Angelegenheit ist.

Die meisten Menschen verstehen die Bezüge auf »Religion« in Verfassungstexten meines Erachtens so, dass damit institutionell organisierte Glaubensgemeinschaften und andere Gruppen gemeint sind, die irgendeinem Gott oder etwas Gottähnlichem, etwa einem Buddha, huldigen. Tatsächlich ging es ursprünglich ganz klar darum, sich aus freien Stücken einer solchen Gruppe anschließen zu dürfen. John Locke, einer der frühesten Verfechter der Religionsfreiheit, war darauf bedacht, Atheisten davon auszunehmen: Er war dagegen, Atheisten Bürgerrechte zu gewähren.[3] Später setzte sich aber die Ansicht durch, dass zum Recht auf Religionsfreiheit nicht nur die Freiheit gehört, unter den theistischen Religionen auszuwählen, sondern auch die, sich für keine davon zu entscheiden, das heißt: Religionsfreiheit schützte nun auch die Atheisten. Trotzdem wurde das Recht immer noch so interpretiert, dass es uns gestattet, eine eigene Überzeugung hinsichtlich der Existenz und dem Wesen Gottes auszubilden. Ich werde gleich auf Entscheidungen des Obersten Gerichtshofs der Vereinigten Staaten und anderer Gerichte zu sprechen kommen, denen zufolge auch Gruppen, die sich selbst als Religionen ohne Gott betrachten – wie zum Beispiel die US-amerikanischen Gesellschaften für Ethische Kultur –, unter die Religionsfreiheit fallen und den entsprechenden Schutz genießen. Aber historisch ver-

---

3 Vgl. John Locke, *Ein Brief über Toleranz*, Hamburg 1996.

stand man unter Religion den Glauben an eine Art von Gott, und die meisten Menschen gehen immer noch von dieser Bedeutung aus. Sollte diese Tatsache wirklich den Ausschlag geben, wenn es darum geht, wer in den Genuss des Schutzes kommen darf, der in den erwähnten Dokumenten verbrieft ist?

Nein, denn die Auslegung der grundlegenden Begriffe einer Verfassung hängt nicht davon ab, wie sie landläufig verstanden oder in Wörterbüchern definiert werden. Es sind nämlich interpretative Begriffe, deren Gebrauch auf ganz andere Weise geprüft werden muss. Aus interpretativen Begriffen – Freiheit, Gleichheit, Würde, Religion und viele andere – werden politische Ideale geformt. Wir verwenden sie, um zu entscheiden, was wir als Menschen- und verfassungsmäßig verbürgtes Recht ansehen und daher schützen wollen; deshalb müssen wir sie so definieren, dass sie dieser so wichtigen Rolle gerecht werden. Wie also müssen wir den Begriff der Religion interpretieren, um die Annahme, dass Religionsfreiheit ein wichtiges Grundrecht ist, verteidigen zu können? Welches Verständnis von Religion wird benötigt, wenn wir die darauf bezogene Wahlfreiheit der Menschen auf eine Weise schützen wollen, die für Entscheidungen in anderen Bereichen ihres Lebens nicht gilt? Wir müssen jede Beschreibung dessen, was Religion ausmacht oder was sie umfasst, zurückweisen, die ein besonderes Recht auf Religionsfreiheit absurd oder willkürlich machen würde. Weil es der Vielfalt und Bedeutsamkeit unserer tiefsten Überzeugungen am besten gerecht wird, so habe ich zuvor argumentiert, sollten wir uns ein Verständnis von Religion zu eigen machen, das tiefgründiger ist als der Theismus. Nun möchte ich das Ganze aus einer anderen Perspektive betrachten, nämlich nicht nur als eine tiefgründige philosophische Frage, sondern auch als Sache der politischen Moral.

Geht es bei der Religionsfreiheit ausschließlich um Gott?

Gibt es einen überzeugenden Grund dafür, dass sich die Religionsfreiheit auf die Wahl zwischen verschiedenen Gottesreligionen sowie die Wahl, alle abzulehnen, erstrecken sollte, aber auf nichts sonst? Vielleicht diesen: Die Geschichte der Religionskriege und der religiösen Verfolgung zeigt, dass diese Wahl für Milliarden von Menschen von besonderer und überragender Bedeutung ist. Menschen mit diesen Überzeugungen sind bereit gewesen, andere deswegen zu töten, weil diese andere Götter anbeten oder dieselben Götter, aber auf andere Weise; und sie ließen sich lieber selbst töten, als ihre Art der Religionsausübung oder ihre Götter aufzugeben. Dieser Eifer führte in Europa zu entsetzlichen Religionskriegen, aufgrund deren religiöse Toleranz dort unabdingbar wurde, und sie ist bis heute im Nahen Osten und anderswo für Massenmorde verantwortlich. Kein anderes Thema weckt gleichermaßen intensive Emotionen, und die Weltgemeinschaft hatte und hat weiterhin ebendiesen Grund, in Verfassungen und internationalen Abkommen Religionsfreiheit zu garantieren.

Vor diesem dramatischen Hintergrund ist natürlich nachvollziehbar, wie es zur Idee der Religionsfreiheit kam und warum sie sich so rasch durchsetzte – warum etwa die Europäer im siebzehnten Jahrhundert spürten, dass sie zur Sicherung des Friedens unerlässlich ist. Das erklärt aber nicht, warum in großen Teilen der Welt, zu denen auch die Vereinigten Staaten und Europa gehören, heute ein besonderes Recht nötig sein soll, das ausschließlich Gottesreligionen schützt, obwohl blutige Religionskriege dort wohl kaum zu erwarten sind. Bei den religiösen Gemeinschaften, die in diesen Ländern von der Religionsfreiheit profitieren, handelt es sich zumeist um unbeliebte Minderheiten, deren Mitglieder nicht in der Lage wären, wirksam zu rebellieren, wenn man ihnen die entsprechenden Freiheitsrechte vorenthielte. Zudem gilt die Religionsfreiheit weithin als ein Menschenrecht, nicht bloß als ein nützliches juristisches Konstrukt, und politisch-taktische Argumente mit Blick auf die Notwendigkeit, den Frieden zu sichern, reichen nicht aus, um ein Grundrecht wie die Religionsfreiheit zu rechtfertigen. Wir brauchen also eine andere Art von Argument, genauer: Wir müssen ein besonders wichtiges menschliches Interesse identifizieren – ein Interesse, das so bedeutsam ist, dass es besonderen Schutz vor staatlicher oder anderweitiger Verletzung verdient. Die Frage, die es jetzt zu beantworten gilt, lautet also: Können wir irgendein spezifisches Interesse identifizieren, das Menschen haben, weil sie an einen Gott glauben, und das sie nicht hätten, wenn sie wie Einstein und Millionen andere Menschen einer Religion ohne Gott anhingen?

Zur Wissenschaftskomponente vieler theistischer Religionen gehört, dass Gott aus Zorn über ihren Ungehorsam ganze Bevölkerungsgruppen vernichten oder Menschen in die Hölle schicken kann und wird. Diese Macht Gottes wurde in früheren Zeiten als Argument ins Feld geführt, um Menschen dazu zu zwingen, sich zu einer bestimmten Glaubensrichtung zu bekennen und sich ihr entsprechend zu verhalten, aber sicher nicht als Argument dafür, dass

Leute einer Religion nachgehen dürfen, die Gott erzürnt. Könnte man demnach behaupten, dass Menschen, die befürchten, irgendwann in der Hölle zu landen, im Gegensatz zu Atheisten in Angst und Schrecken leben und daher besonderen Schutz benötigen? Dann wäre ein Recht auf Religionsfreiheit zu weit gefasst, da viele Angehörige orthodoxer Religionen nicht daran glauben, nach dem Tod entweder belohnt oder bestraft zu werden. Aber es wäre noch in einer anderen Hinsicht zu inklusiv: Es schützt nämlich die Atheisten vor Diskriminierung, was Gott nicht gefallen kann. Letzten Endes haben Menschen aber vor allen möglichen Dingen Angst, zum Beispiel, dass ein neuer Teilchenbeschleuniger den Planeten zerstören wird. Der Staat ist jedoch nur verpflichtet, uns vor Dingen zu schützen, deren Gefährdungspotenzial er als realistisch einstuft. Und die Hölle beziehungsweise die Angst vor ihr kann er nicht als realistisch einstufen, ohne sich zugleich zu bestimmten religiösen Überzeugungen zu bekennen, was ihm jedoch gerade durch das Recht auf Religionsfreiheit prinzipiell untersagt werden soll.

Wenn wir nur solche religiösen Meinungen schützen sollen, die sich auf Religionen mit Gott beziehen, kann die gesuchte Rechtfertigung dieses Schutzes nicht aus dem wissenschaftlichen Bereich orthodoxer Religionen stammen; wir müssen uns vielmehr in deren Wertebereich umsehen. Gottesreligionen gehen mit nicht unerheblichen Pflichten einher, zu denen neben religiösen Pflichten im engeren Sinne, etwa Gebetsregeln oder Speisegesetze, auch soziale Verantwortlichkeiten gehören. Ein Staat, der seinen Bürgerinnen und Bürgern verbietet, diesen Pflichten nachzukommen, verletzt deren Würde und Selbstachtung zutiefst. Natürlich ist es mitunter nötig, dass Staaten etwas verbieten, was von einer Religion gefordert wird – zum Beispiel das Töten Andersgläubiger, auf das manche religiöse Gemeinschaften ihre Anhänger verpflichten wollen. Wenn aber ein staatliches Verbot nicht als Schutz der Rechte anderer gerechtfertigt werden kann, sondern nur eine gewisse Missbilligung der Religion, die die fragliche Pflicht formuliert, zum Ausdruck bringt, handelt es sich um einen Verstoß gegen die Religionsfreiheit.

All das rechtfertigt aber kein besonderes, auf die Ausübung orthodoxer theistischer Religionen beschränktes Freiheitsrecht, da Atheisten ebenfalls oft davon überzeugt sind, Pflichten zu haben, die sie als verbindlich erleben. Ein geläufiges Beispiel hierfür ist der Pazifismus: Ein Gesetz, das es Menschen erlaubt, den Militärdienst aus Gewissensgründen zu verweigern, weil ihre Religion ein Tötungsverbot enthält, wurde vom US-amerikanischen Obersten Gerichtshof zu Recht so interpretiert, dass es auch für Atheisten mit den gleichen Überzeugungen gilt. An dieser Stelle sei an die etwas abstraktere Überzeugung erinnert, die ich im ersten Kapitel als eine religiöse beschrieben habe – dass jeder Mensch eine intrinsische und ethische Verantwortung hat, der er sich nicht entziehen kann: aus seinem Leben das Beste zu machen. Diese Verantwortung ist Teil einer religiösen Haltung, die Gläubige und Atheisten gleichermaßen einnehmen können. Zu ihr gehört, dass jede Einzelne sich fragen muss, was ihr Leben gut macht und was für eine Art von Leben entwürdigend für sie wäre. Wenn der Staat beispielsweise homosexuelle Praktiken verbietet oder erschwert, dann ist das eine Verletzung dieses Rechts. Wenn wir die Religionsfreiheit auf diese Weise rechtfertigen – indem wir sagen, dass es dabei um den Schutz der Selbstachtung geht –, dann gibt es keinen Grund, sie exklusiv den orthodoxen Religionen der Gottgläubigen zu gewähren.

Die Establishment Clause im Ersten Zusatz zur US-amerikanischen Verfassung untersagt es dem Staat, eine Religion oder Konfession zur offiziellen Staatsreligion zu machen – anders als etwa in Großbritannien, wo die Church of England, die Mutterkirche der Anglikanischen Gemeinschaft, Staatsreligion ist. Diese Klausel wurde aber oft so interpretiert, dass sie noch viel mehr verbietet: Gebete an öffentlichen Schulen, Weihnachtskrippen auf öffentlichen Plätzen, Tafeln mit den Zehn Geboten an Gerichtsgebäuden und das Unterrichten von Lehrstoff an staatlichen Schulen, der als religionsbasierte Wissenschaft angesehen wird. All diese verbotenen Tafeln und Praktiken könnten nach Ansicht vieler als Parteinahme für eine bestimmte Religion bzw. gegen den Atheismus verstanden werden. Aber gibt es irgendeinen Grund, dem zufolge es zwar falsch wäre, sich auf die Seite einer orthodoxen theistischen Religion zu schlagen, der es jedoch erlaubt, Partei zu ergreifen, wenn zwei unterschiedliche Meinungen darüber zur Debatte stehen, was eine gute Lebensführung ausmacht? Warum sollte man Position beziehen dürfen, wenn es zum Beispiel darum geht, was eine gesunde Form von Sexualität ausmacht?

Wenn eine Regierung für eine bestimmte Religion Partei ergreift – und etwa den Calvinismus zur offiziellen Religion des Landes erklärt –, dann werde damit, so ein mitunter vorgetragener Einwand, den Anders- oder Nichtgläubigen abgesprochen, im vollen Sinne Staatsbürger zu sein. Wenn staatliche Schulen Zeit für Gebete reservieren oder im Unterricht gelehrt wird, dass unser Universum von einem intelligenten Wesen geschaffen wurde, wird damit den Menschen, die keinen Gott haben, zu dem sie beten oder dem sie die Schöpfung zuschreiben, nicht die gleiche Achtung entgegengebracht. Staatliche Finanzmittel, die aus den Steuern auch dieser Leute stammen, werden zur Untermauerung einer nationalen Identität verwendet, von der sie ausgeschlossen sind. Vergleichen Sie das nun aber mit der Situation eines homosexuellen Menschen, der in einem Staat lebt, in dem die Institution der Ehe auf vielfältige Weisen gelobt und geschützt wird, in dem Einrichtungen und Beamte zur Verfügung stehen, um Männer mit Frauen zu verheiraten, wohingegen Schwulen und Lesben die Eheschließung verboten ist. Ein anderes Beispiel wäre der leidenschaftliche Monarchist, der sich geradezu umzingelt sieht von offiziellen Bekenntnissen des Staates zur Demokratie. Mein Punkt ist nicht, dass die Religionsfreiheit die Monarchisten vor solchen Bekenntnissen schützen sollte, sondern, wie ich gleich zeigen werde, dass das Gegenteil der Fall ist. Ich möchte lediglich betonen, dass wir ihnen diesen Schutz nicht einfach deshalb vorenthalten können, weil ihre Meinungen nichts mit einem Gott zu tun haben.

Entgrenzte Freiheit?

Eine Rechtfertigung des Rechts auf besonderen Schutz von Religionen, das ausschließlich theistischen Religionen vorbehalten ist, haben wir nicht gefunden. Um diesbezüglich voranzukommen, müssen wir wohl oder übel den Geltungsbereich des Rechts erweitern. Aber wie? Die Antwort scheint auf der Hand zu liegen: Wir erklären, dass Menschen prinzipiell ein Recht auf freie Ausübung ihrer tiefsten Überzeugungen betreffend das Leben und die damit einhergehenden Verantwortlichkeiten haben, ob diese nun auf dem Glauben an einen Gott beruhen oder nicht, und dass der Staat mit Blick auf diese Überzeugungen in jeder Hinsicht Neutralität wahren muss. Die besonderen Rechte und Privilegien, die derzeit nur konventionellen Religionen zugestanden werden, würden dann einfach auf alle leidenschaftlich vertretenen Überzeugungen ausgedehnt. Doch ein auf diese Weise erweitertes Recht wäre für keine Gemeinschaft wirklich tragbar.

Denken Sie etwa an all die Leute, von denen der Volksmund sagt, dass sie »den Mammon anbeten«. Sie sind, womöglich sogar leidenschaftlich, davon überzeugt, dass ein gelungenes Leben darin besteht, in materieller Hinsicht erfolgreich zu sein. Reichtümer anzuhäufen gilt ihnen als das alles überragende Ziel. Eine Fehlinvestition oder eine verpasste Gewinngelegenheit bringt sie um den Schlaf. Soll die Religionsfreiheit hier zur Anwendung kommen und zu einer Befreiung von der Einkommenssteuer führen? Wohl kaum. Ein ähnlicher Fall wären Rassisten, die glauben, ihr Leben und das ihrer Kinder würde durch ein Zusammenleben mit Angehörigen anderer ethnischer Gruppen sozusagen verunreinigt. Dabei gehe es, wie sie betonen, nicht einfach um Geschmacksfragen, sondern ihre Abneigungen reflektierten die tiefe Überzeugung, dass Menschen die Verantwortung haben, ein ethnisch reines Leben zu führen. Muss der Staat, in seiner Gesetzgebung und seinem Handeln, auch hier neutral bleiben? Das erscheint uns undenkbar. Wenn wir also der Meinung sind, dass alle religiösen Haltungen einen besonderen Rechtsschutz genießen sollten, benötigen wir eine restriktivere Definition dieser Haltung als die, die ich bislang angeboten habe.

Restriktiver in diesem Sinne wäre zum Beispiel eine funktionale Definition, die darauf abhebt, welche Rolle eine Überzeugung für die Persönlichkeit als Ganze spielt; eine materiale Definition, die lediglich bestimmte Überzeugungen mit Blick darauf, wie zu leben sei, als verfassungsmäßig schützenswert auszeichnet, wäre eine andere Möglichkeit. Als Daniel Andrew Seeger forderte, auch als Atheist den Kriegsdienst im Vietnamkrieg aus Gewissensgründen verweigern zu dürfen, antwortete der Oberste Gerichtshof mit einer funktionalen Definition. Seeger berief sich auf eine Passage des Gesetzes, das die Einberufung regelte. Sie lautet:

> Nichts, was in diesem Dokument steht, soll so interpretiert werden, dass es eine Person zur Kampfausbildung und zum Dienst in den Streitkräften der Vereinigten Staaten zwingt, die aufgrund ihrer religiösen Erziehung und ihrer religiösen Überzeugungen aus Gewissensgründen jede wie auch immer geartete Teilnahme an einem Krieg ablehnt. Mit religiöser Erziehung und religiösen Überzeugungen ist in diesem Zusammenhang gemeint, dass ein Individuum an eine Beziehung zu einem Höchsten Wesen glaubt, die mit Pflichten einhergeht, welche Vorrang haben vor jenen, die aus jedweden zwischenmenschlichen Beziehungen entstehen. Im Wesentlichen politische, soziologische oder philosophische Ansichten oder ein rein persönlicher Moralkodex hingegen fallen nicht darunter.[4]

Obwohl hier auf ein »Höchstes Wesen« verwiesen wird, erhielt Seeger Recht. Das Gericht ging davon aus, dass der Gesetzgeber nicht die Absicht hatte, Unterschiede bei den

---

4 *Universal Military Training and Service Act of 1948*, 50 U.S.C. Appx. § 456 (j) (1948).

religiösen Überzeugungen zu machen, und lieferte folgende Erläuterung, worum es sich bei diesen handelt:

> Der Test kann wie folgt beschrieben werden: Jede aufrichtige und bedeutungsvolle Überzeugung, die im Leben der Person, die sie hat, eine Stelle einnimmt, die parallel zu jener ist, die Gott bei denjenigen besetzt, die anerkanntermaßen für diese Ausnahme infrage kommen, fällt unter diese Legaldefinition.[5]

Dieses Kriterium ist allerdings nicht ganz leicht zu verstehen. Inwiefern ist eine Überzeugung, dass Krieg falsch ist, »parallel« zu einem Glauben an Gott? Wie auch immer unsere Antwort auf diese Frage ausfällt: Es steht zu befürchten, dass auch die passionierten Mammonanbeter den Test bestehen könnten.

Es sieht so aus, als sei eine materiale Definition, die das Spektrum der vom Recht auf Religionsfreiheit zu schützenden leidenschaftlichen Überzeugungen einschränkt, der geeignetere Weg. Nicht die Inbrunst, mit der religiöse Überzeugungen vertreten werden, sondern das, wovon sie handeln, gibt den Ausschlag dafür, ob sie Schutz genießen. Im Rahmen eines Arguments zur Frage der Abtreibung, das auf den Ersten Verfassungszusatz rekurriert, habe ich 1992 den Versuch unternommen, eine solche materiale Definition zu formulieren: »Religionen versuchen die tiefere existentielle Frage zu beantworten, indem sie individuelle Menschenleben mit einem transzendenten objektiven Wert in Beziehung setzen.«[6] Ich verwies in die-

---

5 *United States* v. *Seeger*, 380 U. S. 163 (1965).
6 Ronald Dworkin, *Freedom's Law. The Moral Reading of the American Constitution*, Cambridge (Mass.) 1996, S. 101.

sem Zusammenhang auch auf die folgende Passage aus einem Dokument des Zweiten Vatikanischen Konzils: »Die Menschen erwarten von den verschiedenen Religionen Antwort auf die ungelösten Rätsel des menschlichen Daseins, die heute wie von je die Herzen der Menschen im tiefsten bewegen: Was ist der Mensch? Was ist Sinn und Ziel unseres Lebens?«[7] Ich kam zu dem Schluss, dass die Frage, ob das Recht einer Frau auf einen frühen Schwangerschaftsabbruch von der Verfassung der Vereinigten Staaten geschützt ist, letztlich davon abhängt, welche Reichweite die Aussagen zur Religion im ersten Verfassungszusatz haben: »Eine einleuchtende Darlegung, die besagt, welchen Inhalt eine Überzeugung haben muss, um eine religiöse zu sein, und dabei Überzeugungen ausschließt, die sagen, warum und inwiefern das menschliche Leben intrinsisch und objektiv wichtig ist, kann ich mir nicht vorstellen.«[8]

Der Oberste Gerichtshof entschied, dass Frauen ein verfassungsmäßiges Recht auf Abtreibungen im Frühstadium der Schwangerschaft haben. Drei Richter argumentierten in ihrer Begründung auf ähnliche, das heißt materiale Weise:

Themen, bei denen es um die intimsten und persönlichsten Entscheidungen geht, die eine Person im Verlauf ihres Lebens treffen mag und die für ihre Würde und Auto-

---

7 Siehe »Nostra Aetate. Erklärung über das Verhältnis der Kirche zu den Nichtchristlichen Religionen«, *Zweites Vatikanisches Konzil*, ⟨http://www.vatican.va/archive/hist_councils/ii_vatican_council/documents/vatii_decl_19651028_nostra-aetate_ge.html⟩, letzter Zugriff: 15.1.2014; zitiert in *United States* vs. *Seeger*, S. 181 f. und Fn. 4.
8 Dworkin, *Freedom's Law*, S. 108.

nomie von zentraler Bedeutung sind, sind zentral für die Freiheit, die der Vierzehnte Verfassungszusatz schützt. Kern der Freiheit ist das Recht, einen eigenen Begriff davon zu entwickeln, was unter Dasein, Sinn, Universum und dem Geheimnis des menschlichen Lebens zu verstehen ist.[9]

In anderen Urteilen wurde noch eine weitere Einschränkung hervorgehoben: Eine religiöse Überzeugung muss Teil und Folge einer allgemeinen, aufrichtigen, kohärenten, integrierten und umfassenden »Theorie« darüber sein, warum es für Menschen wichtig ist, ein gutes Leben zu führen, sowie darüber, worin ein solches Leben besteht.[10] Man kann durchaus eine religiöse Überzeugung in diesem anspruchsvollen Sinne besitzen, ohne diese umfassende »Theorie« vor Augen zu haben oder sie artikulieren zu können. Es ist vielmehr eine Frage der Interpretation, ob sich die expliziten Überzeugungen, für die eine

---

9 *Planned Parenthood of Southeastern Pennsylvania v. Casey*, 505 U.S. 833 (1992). Richterin O'Connor sowie die Richter Kennedy und Souter schrieben, dass die Überzeugungen, die eine Frau im Hinblick darauf hat, ob ein früher Schwangerschaftsabbruch zulässig ist, unter diese Kategorie fallen. Es wird nicht behauptet, dass das Recht, sich für oder gegen eine Abtreibung zu entscheiden, vom Ersten Zusatz der Verfassung geschützt wird – das wäre aufgrund der für diesen Zusatz einschlägigen Präzedenzfälle auch nicht möglich gewesen –, aber es wird nahegelegt, dass das Recht auf Religionsfreiheit so verstanden werden könnte, dass es die von ihnen beschriebenen Überzeugungen schützt, wenn man von den Präzedenzfällen absieht.

10 Zu einer Erörterung der Auffassungen des Europäischen Gerichtshofs für Menschenrechte siehe George Letsas, »Is There a Right Not to Be Offended in One's Religious Beliefs?«, in: Lorenzo Zucca, Camil Ungureanu (Hg.), *Law, State and Religion in the New Europe. Debates and Dilemmas*, Cambridge (Mass.) 2012, S. 239-260.

Person Schutz erbittet, mehr oder weniger geräuschlos in eine erkennbare umfassende Sichtweise dieser Art einfügen lassen, und ob das Leben, das diese Person führt, sowie ihre anderen Meinungen halbwegs in Einklang mit dieser Sichtweise stehen. Diese Beschreibung trifft auf Mitglieder einer etablierten Kirche zu, solange aus ihrem Verhalten nicht hervorgeht, dass sie sich den Lehren dieser Kirche nicht wirklich verpflichtet fühlen. Sie lässt sich aber auch problemlos auf nichttheistische Überzeugungen anwenden – etwa auf den Pazifismus oder die Zulässigkeit von Abtreibungen. In seinem Urteil im Fall *Torcaso v. Watkins* setzte der Oberste Gerichtshof nicht nur Religionen auf die Liste derjenigen Überzeugungssysteme, die den Test, den die Richter vor Augen hatten, bestehen, sondern auch humanistische Gesellschaften, die explizit atheistisch sind.[11]

Diese Versuche, inhaltlich einzuschränken, welche Überzeugungen durch ein Recht auf Religionsfreiheit geschützt werden sollen, sind nicht ohne Reiz. Ihre Plausibilität beruht aber darauf, dem Staat die Autorität zuzusprechen, aus all den ehrlichen Überzeugungen diejenigen auszuwählen, die besonders schützenswert sind. Diese Voraussetzung scheint nun ihrerseits dem Grundprinzip zu widersprechen, dem zufolge Fragen, die fundamentale Werturteile betreffen, nicht kollektiv, sondern individuell zu entscheiden sind. Wir können nicht einfach davon ausgehen, dass diejenigen Überzeugungen, gegen deren Schutz sich die Regierung entscheidet, unaufrichtig oder auf andere Weise nicht authentisch sind. Materialistische oder rassistische Positionen können durchaus eine au-

---

11 Vgl. *Torcaso v. Watkins*, 367 U.S. 488 (1961).

thentische und ernstgemeinte Überzeugung darüber widerspiegeln, welche Leben von Haus aus erfolgreich und welche vergeudet sind. Wer sich mit Nietzsche beschäftigt, findet in seinen Schriften womöglich eine raffinierte philosophische Begründung für das, was er schon immer geahnt hat: dass Macht das Einzige ist, was zählt. Sobald wir die Verbindung zwischen einer religiösen Überzeugung und dem orthodoxen Theismus gekappt haben, scheinen uns keine geeigneten Mittel mehr zur Verfügung zu stehen, um selbst die wildesten und überspanntesten ethischen Positionen aus der Reihe derjenigen auszusortieren, die zu schützen sind.

Konflikte im Innern der Freiheit

Darüber hinaus steht noch aus einem zweiten Grund zu befürchten, dass die schlichte Abkopplung der Religion von Gott nicht automatisch zu einem zufriedenstellenden neuen Verständnis von Religionsfreiheit führen würde. Selbst wenn wir nur Religionen theistischer Provenienz als Religionen gelten lassen – aber insbesondere dann, wenn wir diese Einschränkung nicht akzeptieren –, sieht es oft so aus, als sei das Recht auf Religionsfreiheit selbstwidersprüchlich, jedenfalls in seiner traditionellen Lesart. Es verlangt vom Staat grundsätzlich, Leute von allgemeinen Regelungen auszunehmen, durch die diese an der Ausübung ihrer Religion gehindert werden. Außerdem ist es ihm durch das Gesetz untersagt, eine bestimmte Religion gegenüber anderen zu privilegieren. Indem man jedoch für die eine Glaubensgemeinschaft Ausnahmen von Regelungen zulässt, die für die Menschen anderer Glaubensgemeinschaften zwingend gelten, werden Letztere benachteiligt, und zwar aus religiösen Gründen. US-amerikanische Verfassungsrechtler sind sich dieser Problematik natürlich bewusst. Im Ersten Verfassungszusatz finden sich zwei die Religion betreffende Abschnitte: Der eine enthält das Verbot, von Staats wegen in die »freie Ausübung« von Religion einzugreifen; der andere untersagt es dem Staat, eine Religion zu »etablieren« – das heißt, einer Religion von Staats wegen eine besondere Anerkennung oder einen besonderen Schutz zukommen zu lassen. Die Juristen sagen nun, dass diese beiden Verbote in vielen Fällen miteinander in Konflikt geraten.

In den religiösen Ritualen der Native American Church wird Peyote verwendet – eine halluzinogene Droge, die aufgrund ihres hohen Suchtpotenzials gesetzlich verboten ist. Wenn nun für die Mitglieder dieser religiösen Gemeinschaft eine Ausnahme gemacht wird, weil die Droge Bestandteil ihrer religiösen Rituale ist, werden dadurch andere Menschen aus religiösen Gründen diskriminiert, zum Beispiel Jünger von Aldous Huxley, die glauben, dass das beste Leben eines im Trancezustand ist. Wenn das Gesetz nun folgerichtig auch Religionen ohne Gott anerkennt und für jeden eine Ausnahme macht, der meint, halluzinogene Drogen verschafften ihm einen besonderen Zugang zum Sinn des Lebens, dann benachteiligt das Gesetz immer noch und ebenfalls aus religiösen Gründen diejenigen, die sich einfach nur berauschen wollen.[12]

Ein weiteres Beispiel: Die katholische Kirche verbietet

---

12 Der US-amerikanische Oberste Gerichtshof entschied, dass der Erste Verfassungszusatz keine Ausnahme vom Verbot halluzinogener Drogen verlangt. Siehe *Employment Division, Department of Human Resources of Oregon v. Smith*, 494 U.S. 872 (1990).

es den von ihr betriebenen Adoptionsdiensten grundsätzlich, Kinder an gleichgeschlechtliche Paare zu vermitteln. Die Regierung der Vereinigten Staaten lehnt es ab, Agenturen mit solchen Grundsätzen finanziell zu unterstützen. Aus Sicht der Kirche wird damit die Religionsfreiheit verletzt, weil ihre Glaubensgrundsätze gleichgeschlechtliche Verbindungen verbieten.[13] Die Regierung begründet ihre Haltung damit, dass eine diesbezügliche Ausnahme für die katholische Kirche einer Benachteiligung anderer Organisationen gleichkäme, die ihre eigenen, nichttheistischen Gründe haben könnten, gleichgeschlechtlichen Paaren die Adoption zu verweigern.

Lassen Sie mich ein weiteres, noch komplexeres und sehr aufschlussreiches Beispiel für diese Problematik anführen. Aus dem prinzipiellen Verbot der »Etablierung« einer Staatsreligion in der Verfassung der Vereinigten Staaten folgt, dass die Lehren einzelner Religionen nicht an staatlichen Schulen unterrichtet werden dürfen. Nun habe ich ja bereits im ersten Kapitel erklärt, dass zu jeder Religion auch eine wissenschaftliche Komponente gehört, und das wirft die Frage auf, ob und inwieweit diese, einfach als Wissenschaft, im Unterricht behandelt werden darf. Im Zusammenhang mit dem Biologieunterricht in den Vereinigten Staaten ist das mittlerweile zu einem echten Problem geworden. In einem Schulbezirk im Bundesstaat Pennsylvania wies die zuständige Behörde die Lehrer an, auch solche Theorien über den Ursprung des Lebens zu behandeln, die Darwins Evolutionstheorie zurückweisen

---

13 Vgl. Laurie Goodstein, »Bishops Say Rules on Gay Parents Limit Freedom of Religion«, in: *The New York Times* (28. Dezember 2011).

und stattdessen behaupten, dass menschliche Wesen nachweislich von einer übernatürlichen Intelligenz erschaffen wurden. Ein Bundesrichter erklärte diese Anweisung für verfassungswidrig, weil sie gegen das »Etablierungsverbot« verstoße. Der betreffende Beschluss der Behörde, so seine Begründung, fuße nicht auf einem wissenschaftlichen Urteil, sondern auf einer religiösen Überzeugung.

Thomas Nagel hat diese Frage auf hochinteressante Weise analysiert.[14] Er weist darauf hin, dass die Entscheidung darüber, welche Erklärung für die Existenz menschlichen Lebens man für die bessere hält – einen göttlichen Urheber oder zufällige Mutationen –, maßgeblich davon beeinflusst wird, ob man bereits an die Existenz eines Gottes glaubt. Für einen Atheisten scheidet die göttliche Schöpfung als Erklärung sofort aus: Selbst wenn die Chancen von vornherein sehr schlecht stünden, dass zufällige Mutation und Selektion menschliches Leben hervorgebracht haben, wäre »Intelligent Design« für ihn keine Alternative. Ein Theist, der sowieso daran glaubt, dass ein Gott existiert, könnte hingegen durchaus zu dem Schluss kommen, dass wahrscheinlich ebenjener Gott und nicht der Zufall für die so phänomenal komplexen Pflanzen und Tiere verantwortlich ist, die unseren Planeten bevölkern. Die beiden Vorannahmen – dass Gott existiert und dass kein Gott existiert – scheinen aus wissenschaftlicher Sicht gleichwertig zu sein: Entweder gelten beide als wissenschaftliche Urteile oder keine von beiden. Wenn es der verfassungswidrigen Etablierung einer Religion gleichkäme, die eine zur Grundlage eines Lehrplans zu machen,

14 Vgl. Thomas Nagel, »Public Education and Intelligent Design«, in: *Philosophy* & *Public Affairs*, 36 (2008), S. 187-205.

so wäre das auch bei der anderen der Fall. Darum scheint es hier nichts zu bringen, auf das besondere Recht der Schüler oder der Eltern zu pochen, das sich daraus ergibt, dass der Staat sich nicht für eine Religion entscheiden darf. Die Schulbehörde kann gar nicht anders, als sich für eine religiöse Meinung zu entscheiden und damit eine andere abzulehnen. In Fällen wie diesem scheint sich die in der Verfassung verankerte Forderung nach staatlicher Neutralität selbst auszuhebeln.

Gibt es wirklich ein Recht auf Religionsfreiheit?

Bislang haben wir also noch keine gute Antwort auf die Frage, mit der ich dieses Kapitel begonnen habe. Wie sollen wir das Recht auf Religionsfreiheit interpretieren, das Verfassungen, juristische Dokumente und Konventionen proklamieren? Die geläufigen Deutungen beinhalten eine Moraltheorie: Sie nehmen an, dass Menschen ein spezielles moralisches Recht haben, mit Blick auf ihre religiöse Praxis frei zu wählen, und dass die Interpretation der Rechtsdokumente dieses moralische Recht reflektieren sollte. Wie sich aber gezeigt hat, ist es außerordentlich schwer, den Geltungsbereich eines solchen Rechts festzulegen. Es wäre unvernünftig, nur Gottesreligionen in den Genuss des von ihm garantierten Schutzes kommen zu lassen, aber ebenso unvernünftig wäre es, diesen Schutz auf alle Überzeugungen auszudehnen, die unter einen generöser gefassten Begriff von Religion fallen. Außerdem haben wir ja gerade eben festgestellt, dass zwei Vorstellungen, die dieses vermeintliche moralische Recht einzuschließen scheint, miteinander konfligieren können: dass der Staat die Ausübung einer Religion nicht erschweren, aber auch keine Religion zu Lasten einer anderen bevorzugen darf. Es ist daher an der Zeit, einen radikaleren Ansatz in Erwägung zu ziehen. Doch bevor ich genauer erläutern kann, was ich damit meine, bedarf es einiger Hintergrundinformationen.

Politische Freiheit setzt sich aus zwei eigenständigen Bestandteilen zusammen. Ein gerechter Staat muss sowohl ein sehr allgemeines Recht auf etwas, das wir »ethische Unabhängigkeit« nennen können, anerkennen als auch speziellere Freiheitsrechte.[15] Dem Recht auf ethische Unabhängigkeit zufolge darf der Staat die Freiheit niemals einfach deswegen einschränken, weil er der Auffassung ist, eine Art zu leben, das heißt eine Vorstellung davon, welche Leben einfach an sich am lebenswertesten sind, sei intrinsisch besser als eine andere – besser nicht im Hinblick auf das, was aus ihr folgt, sondern weil Menschen, die diese Art von Leben führen, bessere Menschen sind. Ein Staat, der die Freiheit als Wert achtet, muss sich bei solchen Entscheidungen heraushalten und es jedem Einzelnen selbst überlassen, sie zu treffen. Eine Regierung darf den Konsum von Drogen von daher nicht einfach deshalb verbieten, weil sie ihn schändlich findet; sie darf das Roden von Wäldern nicht untersagen, weil sie Menschen, die große Waldflächen nicht zu schätzen wissen, für verachtenswert hält; und sie darf auch keine extrem hohen Spitzensteuersätze beschließen, bloß weil sie den Materialismus für Teufelswerk hält. Natürlich hindert dieses Recht auf ethische Unabhängigkeit den Staat nicht

15 Vgl. hierzu Ronald Dworkin, *Gerechtigkeit für Igel*, Berlin 2012, Kap. 17.

daran, aus anderen Gründen Einfluss auf die Lebensgestaltung der Menschen zu nehmen: um sie vor Unheil zu schützen, die Wunder der Natur zu bewahren, das Gemeinwohl zu verbessern und dergleichen. Er darf Drogen verbieten, um die Gemeinschaft vor den sozialen Kosten zu bewahren, die durch Suchtkrankheiten entstehen; er darf Steuern erheben, um den Straßenbau zu finanzieren oder die Armut zu bekämpfen; und er darf Wälder unter Naturschutz zu stellen, weil sie tatsächlich wundervoll sind. Und er darf dies selbst dann tun, wenn kein einziger Bürger dieses Staates der Meinung ist, dass ein Leben voller Waldspaziergänge von irgendeinem Wert ist.

Das allgemeine Recht auf ethische Unabhängigkeit verbietet es dem Staat somit lediglich, die Freiheit aus bestimmten Gründen einzuschränken, wohingegen andere Gründe zulässig sind. Anders die speziellen Rechte; sie erlegen dem Staat deutlich strengere und absolute Restriktionen auf. Das Recht auf freie Meinungsäußerung ist ein solches Recht, und die Regierung darf es nur antasten, wenn sie das vorweisen kann, was unter amerikanischen Rechtswissenschaftlern als »zwingende« Gründe bezeichnet wird. Zensur ist selbst dann nicht erlaubt, wenn das Gesagte womöglich negative Folgen für andere hat: weil der Sprecher für das Abholzen ganzer Wälder plädiert oder weil es ziemlich kostspielig wäre, ihn vor einer aufgebrachten Menge zu schützen. Das Recht auf freie Meinungsäußerung kann nur in Notfällen beschnitten werden: wenn, um erneut eine Lieblingswendung amerikanischer Rechtsgelehrter aufzugreifen, eindeutig Gefahr in Verzug ist, die es abzuwehren gilt. Dabei muss es sich um eine wirklich ernste Gefahr handeln, wie wir vielleicht hinzufügen möchten. Ein weiteres Beispiel wäre das Recht auf ein ordentliches und faires Gerichtsverfahren, ja, in diesem Fall liegt die Latte sogar noch höher. Der Staat hat kein Recht, jemanden unter Anklage zu stellen, den er eigentlich für unschuldig hält, oder jemandem ein faires Verfahren zu verweigern, selbst wenn er in beiden Fällen denkt, dass es die Sicherheitslage für alle erheblich verbessern würde, wenn er es täte.

Nun kann ich meinen Vorschlag unterbreiten. Ich glaube, dass die Schwierigkeiten, auf die wir beim Definieren der Religionsfreiheit gestoßen sind, mit dem Versuch zusammenhängen, sie als ein solches spezielles Recht auszuweisen und zugleich die Idee der Religion von einem wie auch immer gearteten Gott abzukoppeln. Darum sollten wir uns womöglich von der Vorstellung verabschieden, die Religionsfreiheit sei ein solches Recht, mit dem ja, wie wir eben gesehen haben, ein besonders starker Schutz einhergeht, weshalb es unbedingt nötig ist, es sorgfältig zu definieren und seinen Geltungsbereich strikt abzugrenzen. Stattdessen sollten wir darüber nachdenken, ob sich nicht auf all das, was traditionell unter diesem unterstellten Recht verhandelt wird, das allgemeinere Recht auf ethische Unabhängigkeit anwenden lässt. Der Unterschied zwischen diesen beiden Herangehensweisen ist wichtig. Ein spezielles Recht hat ausschließlich die Sachlage im Blick: Religionsfreiheit in diesem Sinne besagt, dass der Staat die religiöse Praxis in keiner Hinsicht einschränken darf, es sei denn, ein außerordentlicher Notfall liegt vor. Dagegen konzentriert sich das allgemeine Recht auf ethische Unabhängigkeit auf die Beziehung zwischen dem Staat und seinen Bürgerinnen und Bürgern: Es sagt, aus welchen Gründen der Staat die Freiheit seiner Bürger überhaupt einschränken darf.

Die Frage lautet also: Schützt das allgemeine Recht auf ethische Unabhängigkeit diejenigen Überzeugungen, die wir für schützenswert halten, in ausreichendem Maße, so dass wir gar keinen Bedarf an einem doch insgesamt haarigen speziellen Recht haben? Wenn ja, spräche das für eine radikale Neuinterpretation all jener Verfassungen, Abmachungen und Menschenrechtskonventionen. Wir müssten das dort verkündete moralische Recht auf Religionsfreiheit als ein Recht auf ethische Unabhängigkeit verstehen. Wir sind uns zwar über die historischen Gründe im Klaren, warum das Recht ausschließlich auf Religionen bezogen wurde, aber wir bestehen darauf, ihm den bestmöglichen zeitgemäßen Sinn zu geben, und rechtfertigen es, indem wir religiöse Toleranz als einen Beispielsfall des allgemeineren Rechts verstehen.

Ich wiederhole also meine Frage: Bietet das allgemeine Recht auf ethische Unabhängigkeit den Schutz, den wir nach reiflicher Überlegung zu benötigen glauben? Den historischen Kern der Religionsfreiheit kann es auf jeden Fall bewahren. Es verurteilt jedwede explizite Diskriminierung oder Maßnahmen, die auf der Annahme gründen – wie das bei solchen Diskriminierungen ja immer der Fall ist –, dass eine Spielart des religiösen Glaubens anderen überlegen ist, sei es mit Blick auf ihren Wahrheitsgehalt oder auf ihre Tugendhaftigkeit, oder insofern, als dass eine politische Mehrheit zur Privilegierung einer Religion berechtigt ist oder dass der Atheismus zu moralischem Verfall führt.[16] Zudem schützt die ethische Unabhängig-

16 Wenn wir diesen Test zugrunde legen, ist die »Etablierung« der Anglikanischen Kirche in Großbritannien mit dem Recht auf ethische Unabhängigkeit dann vereinbar, wenn es sich dabei nur um ein historisches Relikt ohne echten Biss handelt. Denken

keit religiöse Überzeugungen noch auf eine raffiniertere Weise, indem sie nämlich alle Einschränkungen verbietet, die zwar neutral daherkommen, in deren Machart sich aber irgendeine direkte oder indirekte Abhängigkeit verbirgt. Würde das genügen? Brauchen wir wirklich ein spezielles Recht, das nicht nur einer neutralen, sondern auch einer zwingenden Rechtfertigung der von ihm auferlegten Beschränkungen bedarf?

Kehren wir noch einmal zu unserem Peyote-Beispiel zurück. Als der Oberste Gerichtshof der Vereinigten Staaten entschied, dass gemäß dem Ersten Verfassungszusatz keine Ausnahme für die Native American Church nötig sei, führte das zu großer Entrüstung seitens des Kongresses, der dann den Religious Freedom Restoration Act verabschiedete,[17] in dem festgehalten wurde, dass die Entscheidung des Gerichts falsch sei. War das richtig? Die Antwort lautet nein – wenn wir die Entscheidung des Gerichts im Lichte des allgemeinen Rechts auf ethische Unabhängigkeit betrachten. Dieses Recht schützt nämlich nicht den religiösen Gebrauch einer verbotenen halluzinogenen Droge, wenn dadurch ein genereller Schaden für die Gemeinschaft entstehen könnte. Indem die Legislative die Entscheidung des Obersten Gerichtshofs revidierte, erklärte sie *de facto*, dass Religionen mehr Schutz benötigen, als die allgemeine ethische Unabhängigkeit gewähren kann. Keinerlei Regelung, und sei sie noch so gut gemeint und von keinerlei diskriminierenden Absicht getragen, die

---

Sie hier an die Leichtigkeit, mit der die uralte Regel aufgegeben wurde, die die Primogenitur im Verfassungsrecht der Thronfolge festlegt. Die alte Regel besaß schlicht keine diskriminatorische Kraft mehr.

17 Vgl. *Religious Freedom Restoration Act of 1993*, 107 Stat. 1488 (1993).

einer Einmischung in eine religiöse Praxis gleichkommt, so argumentierte der Kongress, sei erlaubt, außer es gibt einen »zwingenden«, also nicht bloß gewöhnlichen Regelungsbedarf, mit anderen Worten: außer die Regelung ist nötig, um einen Notfall oder eine ernste Gefahr abzuwehren. Der Religious Freedom Restoration Act erfreute sich großer Beliebtheit.[18] Aber das Gericht hatte recht, und der Kongress irrte. Wenn wir eine Ausnahme für die Mitglieder der Native American Church machen, so müssen wir sie auch für die Anhänger von Huxley machen. Und kritische Hippies könnten dann und zu Recht das gesamte Drogen-Kontroll-Regime als eine religiöse Einrichtung anprangern.

Wenn wir uns gegen ein spezielles Recht auf freie Religionsausübung wenden und uns nur auf das allgemeine Recht auf ethische Unabhängigkeit verlassen, kann es durchaus sein, dass Religionen dazu gezwungen werden,

---

18 Die Öffentlichkeit war über das Urteil im Fall *Employment Division, Department of Human Resources of Oregon v. Smith* empört, und diese Empörung zog sich quer durch sehr viele gesellschaftliche Gruppen. Liberale Gruppen (etwa die American Civil Liberties Union), konservative Gruppen (wie die Traditional Values Coalition) und andere, wie etwa die Christian Legal Society, der American Jewish Congress und die National Association of Evangelicals machten gemeinsame Sache, um den Religious Freedom Restoration Act zu unterstützen, mit dem der Sherbert-Test wiedereingeführt wurde, durch den Gesetze, die eine Religion belasten, verworfen werden. Dieser Gesetzesentwurf, in dem die Reaktion des Kongresses auf jenes Urteil zum Ausdruck kam, wurde vom Repräsentantenhaus einstimmig und im Senat mit 97 Stimmen bei 3 Gegenstimmen angenommen. Präsident Bill Clinton machte ihn durch seine Unterschrift zum Gesetz. Später wurde entschieden, dass es, auf Bundesstaaten angewandt, verfassungswidrig ist – vgl. hierzu *City of Boerne v. Flores*, 521 U.S. 507 (1997).

ihre Praktiken so einzuschränken, dass sie rationalen, nicht-diskriminierenden Gesetzen gehorchen, die nicht weniger, aber auch nicht mehr als gleiche Berücksichtigung für sie vorsehen. Finden Sie das schockierend? Jene letzte Bedingung – gleiche Berücksichtigung – fordert vom Gesetzgeber, darauf zu achten, ob irgendeine Gruppe diejenige Aktivität, die seiner Ansicht nach verboten oder erschwert werden soll, als heilige Pflicht betrachtet. Wenn das der Fall ist, muss er sich anschauen, ob die gleiche Berücksichtigung dieser Gruppe eine Ausnahme oder eine anderweitige Modifikation nötig macht. Wenn eine Ausnahme möglich ist, ohne dass der fragliche Gesetzeszweck signifikant beschädigt wird, wäre es unter Umständen unvernünftig, sie nicht zuzulassen. In diesem Sinne ließe es sich rechtfertigen, katholische Adoptionsorganisationen, die sich weigern, gleichgeschlechtliche Paare als Adoptiveltern zu akzeptieren, entlang derselben Richtlinien finanziell zu fördern wie diejenigen, die kein Problem mit diesen Paaren haben – vorausgesetzt, es gibt hinreichend viele liberale Agenturen, so dass weder Kindern noch gleichgeschlechtlichen Paaren mit Kinderwunsch ein Schaden entstünde. Aber wenn eine Ausnahmeregelung Menschen einem erheblichen Risiko aussetzen würde, das das Gesetz ja gerade vermeiden will, wie im Peyote-Beispiel, stünde die Ablehnung einer solchen Ausnahme durchaus in Einklang mit gleicher Berücksichtigung. Meines Erachtens ist der damit behauptete Vorrang nichtdiskriminatorischen kollektiven staatlichen Handelns vor privater Religionsausübung alternativlos und richtig.

Ich habe bereits darauf hingewiesen, dass die alten Religionskriege heute auf einem neuen Schauplatz ausgefochten werden: in der Politik. Wir können also unsere neue Hypothese – dass das allgemeine Recht auf ethische Unabhängigkeit den Religionen angemessenen Schutz bietet – einem lebensweltlichen Test unterziehen, indem wir die hitzigen Kontroversen, die in diesen Kriegen ausgefochten werden, aus ihrer Perspektive betrachten. In den meisten Fällen handelt es sich dabei nicht um Konflikte zwischen verschiedenen Religionsgemeinschaften, sondern um Kriege zwischen Gläubigen und Nichtgläubigen. Ein besonders strittiges Thema ist heute in vielen Ländern, ob es erlaubt sein sollte, in staatlichen Schulen oder Ämtern, in Regierungsgebäuden oder allgemeiner im öffentlichen Raum Zeichen einer bestimmten Religionszugehörigkeit zu tragen. Erbittert und zuweilen sogar gewaltsam sind die Auseinandersetzungen darüber geführt worden, ob in staatlichen Schulen Zeiten für private, stille Gebete eingeplant, Tafeln mit den Zehn Geboten an Gerichtsgebäuden angebracht oder Städte während der Weihnachtszeit auf ihren Plätzen Krippen aufstellen dürfen und ob ein Verbot des Tragens von Kopftüchern oder Burkas in Schulen oder auf der Straße zulässig ist oder ob Schweizer Kantone den Bau von Minaretten verbieten dürfen. Von einigen dieser Probleme würden US-amerikanische Rechtsgelehrte vermutlich sagen, dass sie das Recht auf freie Religionsausübung betreffen, von anderen, dass sie mit der (unzulässigen) Etablierung oder Privilegierung einer Religion zu tun haben. Wir können sie aber auch sämtlich darauf hin befragen, wie sie gelöst werden müssten, wenn das einzige hier einschlägige politische Recht dasjenige auf ethische Unabhängigkeit wäre.

Dieses allgemeine Recht würde die Zurschaustellung von Symbolen einer bestimmten organisierten Religion an Gerichtsgebäuden oder auf öffentlichen Straßen und Plätzen verbieten, falls diese nicht von jedweder Bedeutung, die über eine ökumenisch-kulturelle hinausgeht, befreit sind, wie das etwa bei den städtischen Weihnachtsmännern der Fall ist, die in Kinderheime geschickt werden. Andernfalls würden solche Zurschaustellungen nämlich öffentliche Gelder und andere staatliche Ressourcen dazu nutzen, um einer bestimmten Gottesreligion zu huldigen oder eine Präferenz für Gottesreligionen gegenüber gottlosen Religionen oder einer areligiösen Haltung zum Ausdruck zu bringen. Bei Kopftüchern und Burkas liegen die Dinge jedoch völlig anders, da es sich dabei um private Zurschaustellungen handelt. Mit welchem Recht verbietet ein Staat irgendjemandem das Tragen dieser Kleidungsstücke an irgendeinem Ort?

In diesem Zusammenhang wird manchmal gesagt, dass die Gesetze eines Staates auch das Ziel haben, bei den Bürgerinnen und Bürgern das Gefühl einer gemeinsamen säkularen Gruppenidentität entstehen zu lassen, das von polarisierenden, jedenfalls Unterschiede markierenden religiösen Erkennungszeichen untergraben würde. Das beinhaltet aber, entgegen dem Recht auf ethische Unabhängigkeit, einer bestimmten Gruppenidentität vor allen anderen den Vorzug zu geben oder dass, anders als viele Bürger glauben, die religiöse Identität nicht wichtig genug ist, um alle patriotischen Selbstverständnisse auszustechen. Ein Staat könnte andere Rechtfertigungen solcher Verbote entwickeln, die das Recht auf ethische Unabhängigkeit nicht ganz so offensichtlich verletzen. Er könnte zum Beispiel Folgendes behaupten: Wenn Schülerinnen und Schüler sichtbare Zeichen ihrer Religionszugehörigkeit tragen, sehen sich andere Schüler aus Loyalität zu ihrem eigenen Glauben gezwungen, dagegen zu protestieren, was die Ordnung stören und sich negativ auf die Qualität des Unterrichts auswirken würde. Aber nichts deutet darauf hin, dass dies tatsächlich geschieht, und so scheint es sich hier um eine bloße Rationalisierung zu handeln. In der Türkei ist das Kopftuchverbot schon seit vielen Jahren heftig umstritten; das seit langem bestehende Verbot hat mehr Gewalt provoziert, als es verhindert hat. Am Beispiel der Türkei lässt sich auch sehr gut veranschaulichen, warum das Verbot gegen das Recht auf ethische Unabhängigkeit verstößt. Es war nämlich ein wichtiger Bestandteil von Kemal Atatürks Kampagne, die darauf abzielte, das zu ändern, was die Türkinnen und Türken als eine verantwortungsvolle Lebensweise betrachteten. Er wollte aus einer strenggläubigen Kultur eine vollständig säkularisierte machen.

Schulgebete sind ein komplexeres Thema. Ziemlich extrem ist die britische Praxis, in fast allen Schulen ein tägliches christliches Gebet vorzuschreiben. Nicht weniger extrem, dies aber in genau entgegengesetzter Hinsicht, ist das absolute Verbot religiöser Elemente in staatlichen Schulen in Frankreich. Nach einer langwierigen Debatte, die von mehreren Entscheidungen des Obersten Gerichtshofs geprägt wurde, scheint man sich in den Vereinigten Staaten mittlerweile dahin zu bewegen, dass Schulen sogenannte Zeiten des Schweigens einrichten dürfen, in denen es den Schülerinnen und Schülern freigestellt ist, zu beten oder zu »meditieren« oder einfach nur ihre Augen auszuruhen – ganz wie sie wollen. Meines Erachtens ist diese Regelung mit den Anforderungen des Rechts auf ethische Unabhängigkeit gut vereinbar, insofern aus dem Gesetz keine Absicht hervorgeht, speziell theistischen Religionen Vorteile zu verschaffen. *Prima facie* privilegieren Schweigezeiten weder theistisch noch atheistisch religiöse Schülerinnen und Schüler und auch nicht solche, die meinen, nichts zu haben, worüber zu meditieren sei.

Wenden wir uns nun der Rolle der Religion in der Bildung zu, und zwar nicht aus der Perspektive eines speziellen Rechts, sondern aus Sicht des allgemeinen Rechts auf ethische Unabhängigkeit. Eine in diesem Zusammenhang aufkommende Frage habe ich bereits angesprochen: Ist es ein Verstoß gegen die Religionsfreiheit, wenn eine staatliche Schulbehörde vorschreibt, im Biologieunterricht »Intelligent Design« als Alternative zur darwinistischen Evolutionstheorie zu lehren? Wie Sie sich erinnern, glaubt Thomas Nagel, dass die Auffassung, »Intelligent Design« sei schlechte Wissenschaft, Ausdruck einer bereits vorhandenen atheistischen Position ist, die ihrerseits eine religiöse Position ist. Das wiederum bedeutet, dass der Staat in einer religiösen Angelegenheit Partei ergreifen würde, wenn er das Unterrichten von »Intelligent Design« als Wissenschaft verbietet. Nagels Argument wäre dann einschlägig, wenn wir Religionsfreiheit sachbezogen begreifen, wie es aus Sicht eines speziellen Rechts nötig wäre. Doch wenn wir uns stattdessen allein auf das allgemeinere Recht auf ethische Unabhängigkeit berufen, sieht die Sache anders aus.

Wenn die Regierung die ethische Unabhängigkeit respektiert, darf sie die Freiheit der Bürgerinnen und Bürger nicht mit einer Begründung einschränken, in die eine bestimmte Vorstellung davon, wie zu leben sei oder was ein erfolgreiches Leben ausmacht, einfließt und damit gegenüber anderen prämiert wird. Ob dies auf eine bestimmte Regelung zutrifft, ist oft eine Frage der Interpretation, und manchmal keine ganz leichte. Vor dem kulturellen Hintergrund der USA kommt im Beschluss einer Schulbehörde, das Unterrichten von »Intelligent Design« als Alternative zum Darwinismus vorzuschreiben, nicht nur die Annahme zum Ausdruck, dass ein Schöpfergott als kosmologische Tatsache existiert; vielmehr wird auch ein ganzer Katalog ethischer Überzeugungen bejaht, die von der Rolle der Religion in einem gut geführten Leben handeln, sowie das Ziel unterstrichen, diese ethischen Überzeugungen an die nächsten Generationen weiterzugeben. Es geht also nicht einfach nur um die Wiederherstellung von Ausgewogenheit bei einem wissenschaftlichen Thema, die vielleicht eine Behörde vor Augen hatte, als sie darauf bestand, dass im Geschichtsunterricht auch das dunkle Kapitel der Sklaverei in den Vereinigten Staaten behandelt wird. Die politischen Kampagnen, die im ersten Anlauf versuchten, den Kreationismus in die Lehrpläne zu hieven – also die These, dass die Erde nur 7000 Jahre alt ist –, und sich dann, nachdem sie damit vor den Gerichten gescheitert waren, vehement für die scheinbar anspruchsvollere Theorie des »Intelligent Design« einzusetzen begannen, sind von ganz anderem Kaliber: Sie sind Teil einer landesweiten Kampagne der sogenannten religiösen Rechten, die zum Ziel hat, die Rolle von Gottesreligionen im öffentlichen Leben zu stärken. Auch das ist natürlich ein interpretatives Urteil, aber aus meiner Sicht kein sonderlich problematisches. Der Richter, der das Unterrichten von »Intelligent Design« an staatlichen Schulen für verfassungswidrig erklärte, bediente sich in seiner Begründung ebendieser interpretativen Schlussfolgerung. Er erklärte, der persönliche Hintergrund, das bisherige Vorgehen und die Äußerungen der Mehrheit der Mitglieder des Schulgremiums legten nahe, dass sie nicht primär von akademischen Motiven geleitet werden, sondern im Geiste jener landesweiten Kampagne agieren.

Dieselbe interpretative Frage stellt sich selbstverständlich auch, wenn eine Schulbehörde beschließt, dass Darwins Theorie sowie alles, was für und gegen sie spricht, unterrichtet wird, die »Intelligent-Design«-Theorie dabei aber außen vor bleiben müsse. Kommt hierin ein Bestreben zum Ausdruck, die Schülerschaft von theistischen Religionen zu entfremden? Meines Erachtens ist das eine im Kontext der modernen US-amerikanischen Kultur unplausible Hypothese. Viele der Wissenschaftler und Laien, die die Grundzüge der darwinistischen Evolutionstheorie für richtig halten, gehören theistischen Religionen an und halten ihren Glauben an die Evolution für vollkommen vereinbar mit ihrem Glauben an einen Gott. Und ebenso absurd wäre es, den Lehrerinnen und Lehrern, die naturwissenschaftliche Fächer unterrichten, zu unterstellen, sie machten Werbung für den Atheismus. Wenn wir das Ganze aus der Perspektive der ethischen Unabhängigkeit betrachten, dann stoßen wir nicht auf Nagels Symmetrie, sondern auf eine wichtige Asymmetrie.

Abschließend kehren wir nun zu dem Themenkreis zurück, der zweifelsohne am stärksten polarisiert: Sexualmoral und Fortpflanzung. Als der Oberste Gerichtshof entschied, dass Bundesstaaten weder homosexuelle Praktiken noch frühe Schwangerschaftsabbrüche kriminalisieren dürfen, verwies er dabei auf die verfassungsmäßig verbürgten Rechte auf Gleichbehandlung vor dem Gesetz und auf ein ordentliches Gerichtsverfahren, und nicht auf das vom Ersten Verfassungszusatz garantierte Recht auf Religionsfreiheit. Es hatte keine andere Wahl. Zwar berufen sich die Gegner von Homosexualität und Schwangerschaftsabbrüchen häufig auf den Willen eines Gottes, aber eben nicht immer und ausnahmslos; und wie ich schon sagte, gibt es auch nur wenige Männer und Frauen, die in diesen Angelegenheiten die Freiheit der Wahl haben möchten, ihr Begehren aber als religiös motiviert betrachten. Wenn wir unabhängig vom US-amerikanischen Verfassungsrecht Religionsfreiheit als Teil ethischer Unabhängigkeit behandeln, verpflichtet uns das auf die liberale Position – und auch darauf, gleichgeschlechtliche Ehen zuzulassen. Warum dem so ist, habe ich an anderen Stellen genauer ausgeführt und werde meine diesbezüglichen Argumente hier weder wiederholen noch näher ausführen, auch wenn diese Kurzusammenfassung vielleicht den einen oder die andere vor den Kopf stößt.[19]

2009 schockte ein Referendum in der Schweiz die Welt. Die Schweizer Bürger stimmten für eine Verfassungsänderung, um den Bau von Minaretten in ihrem Land generell zu verbieten. Viele Einrichtungen und Organisationen sprachen sich gegen diesen Schritt aus, darunter die Schweizer Bundesregierung und die katholische Kirche.

---

19 Siehe Ronald Dworkin, *Die Grenzen des Lebens. Abtreibung, Euthanasie und persönliche Freiheit*, Reinbek 1994, sowie ders., *Is Democracy Possible Here?*, Princeton 2006. Das Thema Abtreibung ist komplexer, als ich es hier beschreibe, weil meine Ansicht zu diesem Thema auf einem Urteil beruht, das ich in den genannten Büchern rechtfertige und das lautet, dass ein Fötus keine eigenen Rechte besitzt, bevor er nicht ein fortgeschrittenes Stadium neuronaler Entwicklung erreicht hat.

Aber eine klare Mehrheit stimmte eben dafür. Einer der Hauptfürsprecher des Verbots behauptete, es könne nicht als Verletzung der Religionsfreiheit interpretiert werden, da die islamische Religion nicht verlange, dass jede Moschee auch ein Minarett haben müsse. Wenn wir Religionsfreiheit als ein spezielles Recht verstehen, das nur auf religiöse Menschen zugeschnitten ist, dann wäre die Tatsache, dass Minarette nicht Teil eines religiösen Pflichtenkatalogs sind – wenn das überhaupt der Fall ist –, hier unter Umständen einschlägig. Wenn wir aber die Religionsfreiheit als eine zentrale Konkretisierung eines allgemeineren Rechts auf ethische Unabhängigkeit betrachten, erweist sich diese Tatsache als vollkommen irrelevant. Niemand, der diese politische Kontroverse verfolgt hat, kann auch nur den geringsten Zweifel haben, dass der Ausgang des Referendums eine pauschale Ablehnung der Kultur und Religion des Islams zum Ausdruck brachte. Es war eine Kriegserklärung an das egalitäre Ideal ethischer Unabhängigkeit.

Ich möchte dieses Kapitel mit einer Hoffnung beschließen, ja sogar, wenn Sie nichts dagegen haben, mit einem Gebet. Insgesamt geht es mir in diesem Buch darum, zu zeigen, dass Menschen einen tiefen religiösen Impuls teilen, der sich in diversen Überzeugungen und Emotionen manifestiert hat. Über lange Strecken der Geschichte hat dieser Impuls zwei Arten von Überzeugungen hervorgebracht: einen Glauben an eine intelligente übernatürliche Macht – einen Gott – und einen Strauß tiefgründiger ethischer und moralischer Überzeugungen. Beide Überzeugungsarten entstammen also der gleichen Quelle, aber sie sind voneinander unabhängig. Atheisten können Theisten daher im Hinblick auf ihre tiefsten religiösen Bestrebungen im vollen Sinne als Partner akzeptieren. Theisten können anerkennen, dass die moralischen und politischen Überzeugungen der Atheisten auf derselben Grundlage fußen wie die ihren. Vielleicht werden die Angehörigen beider Lager – oder wenigstens viele von ihnen – irgendwann erkennen, dass es sich bei dem, was sie derzeit für eine unüberbrückbare Kluft halten, lediglich um eine esoterische wissenschaftliche Meinungsverschiedenheit ohne moralische oder politische Bedeutung handelt. Ist das eine übertriebene Hoffnung? Vermutlich.

4
Tod und Unsterblichkeit

Zum Tod sollte ich wohl auch noch etwas sagen, auch wenn ich es bei einigen wenigen Worten belassen werde. Als jemand zu Woody Allen sagte, er werde mit Sicherheit in seinen Werken weiterleben, war seine Antwort, er würde das doch lieber in seiner Wohnung tun. Die meisten Gottesreligionen machen Hoffnung auf etwas, das sogar noch besser zu sein scheint: auf ein ewiges Leben in unvorstellbar herrlichen Verhältnissen – und »unvorstellbar« ist hier wörtlich gemeint. Große Maler zeigen in ihren Bildern, wie die guten Menschen nach oben schweben, als seien sie mit Helium gefüllt, und die Karikaturisten zeichnen Otto Normalverbraucher, wie er auf einer Wolke sitzt oder vor einem weißbärtigen Mann mit einem Schlüssel auf Knien rutscht. Albernheiten wie diese sind unvermeidlich, weil die Frage, was Leben nach dem Tod wirklich bedeutet, nicht einmal im Ansatz beantwortet werden kann. Nichtsdestoweniger trägt das schiere Angebot einer Antwort zur Attraktivität derjenigen Religionen bei, die es unterbreiten. Doch das Leben nach dem Tod braucht gar nicht vorstellbar zu sein – wir müssen nicht entscheiden, wie es aussehen wird oder ob wir ohne Augen sehen, uns ohne Gliedmaßen bewegen können oder ob wir uns an etwas erinnern werden und, wenn ja, an was –, weil die starke intuitive Anziehungskraft dieser Idee auf einer reinen Verneinung beruht. Mit Leben nach dem Tod ist tatsächlich nur etwas – irgendetwas – gemeint, das *nicht* das ist, wovor wir uns so schrecklich fürchten: die vollständige, vernichtende, ihrerseits unvorstellbare Auslöschung von allem.

Aber brauchen wir wirklich einen Gott, um uns eine Alternative – ganz egal, welche – zu dieser vollständigen Auslöschung vorzustellen? Ein Gott ist natürlich erforderlich, wenn das Leben nach dem Tod ein Wunder ist und nur Götter Wunder vollbringen können. Aber warum nicht eine ganz andere Geschichte erzählen, die auf einer Naturgegebenheit beruht, so wie das Phänomen der Quantenfluktuation, von dem nun behauptet wird, es könne ein Universum aus dem Nichts entstehen lassen? In der Quantentheorie stößt man immer wieder auf Dinge, die wir früher als Wunder bezeichnet hätten: auf eine Katze in einer geschlossenen Kiste, die weder lebendig noch tot ist, bis die Kiste geöffnet wird. Wir könnten uns einen mentalen Stoff vorzustellen versuchen, der jedem einzelnen menschlichen Wesen in je spezifischer Weise zu eigen ist, der permanent vom Gehirn ins Weltall ausströmt und dessen Gesamtheit, bestehend aus unzähligen voneinander unabhängigen Quanten, den Tod dieses Gehirns überlebt. Eine zwar bizarre, aber natürliche Seele? Und was dann? Reinkarnation vielleicht? Manche religiösen Traditionen stellen sich vor, dass die natürliche Seele in einem anderen, im Werden begriffenen Gehirn irgendwie wieder zusammenkommt. Oder dass sie vielleicht einfach in Form der unabhängigen Quanten bis zum Ende des Universums überlebt. Vielleicht überlebt sie sogar noch den Tod des Universums, weil sie es vermag, auf neu entstehende Universen überzuspringen. Das klingt alles nach Fantastereien, aber die Physik hat sich eben ganz aus sich heraus zu einem Ort für Fantastereien entwickelt. Quantenphänomene sind keine Wunder, zu deren Erklärung wir einen Gott brauchen, denn sie verstoßen nicht gegen die Naturgesetze. Unsere Wissenschaftler suchen vielmehr verzweifelt nach einem Naturgesetz, das zu ihnen passt. Ich sehe natürlich ein, dass die Vorstellung, unsere natürlichen Seelen würden unsere Tode als Quantenfragmente überleben, überhaupt nichts Tröstliches hat. Aber wenn es uns allein darum geht, dass von uns am Ende nicht nichts übrig bleibt – nun, zumindest das wäre damit sichergestellt.

Ein Leben nach dem Tod verlangt also nicht unbedingt nach Wundern. Die Wissenschaft einer Religion ohne Gott steht den Vorschlägen, die die Gottesreligionen tatsächlich machen können, in nichts nach, auch wenn die ihren natürlich von ganz anderer Art sind. Allerdings müssen wir zur Kenntnis nehmen, dass ein Gott für die Idee eines Lebens nach dem Tod aus einem ganz anderen Grund wesentlich sein könnte. Alle Traditionen, die ein Leben nach dem Tod versprechen, machen es von einem moralischen oder ethischen Richtspruch abhängig. In den Himmel kommt man nur, wenn man ein gutes Leben gelebt hat; wenn nicht, erwartet einen die Hölle – ein Jenseits in ewigem Feuer und ewiger Marter. Quantenfluktuationen können nicht mit einem Urteil dienen; das kann nur eine urteilsfähige Intelligenz und somit, sollte man meinen, ein Gott, der von oben über uns richtet. Doch was spricht dafür, dass ein solcher finaler Richterspruch überhaupt notwendig oder wünschenswert ist? Warum sollte das ewige Leben von gutem Verhalten abhängig sein? Ein Theist, der den im ersten Kapitel beschriebenen Sixtinischen Gott verehrt, könnte sagen: Das Urteil ist notwendig, weil dieser Gott will, dass die Menschen als Sterbliche ein gutes Leben führen; deshalb setzt er den Himmel als

Zuckerbrot und die Hölle als Peitsche ein. Diese Erklärung ist aber eigentlich etwas seltsam, denn ein Gott, der möchte, dass seine Schäfchen ein gutes Leben führen, wird vermutlich hoffen, dass sie dies aus anderen Gründen tun – aus Achtung vor ihrem eigenen Leben oder vielleicht aus Liebe zu ihm oder zu anderen Menschen. Anzunehmen, er wäre mit einem aus Furcht geborenen Gehorsam zufrieden, würde all dem widersprechen, was wir dem Sixtinischen Gott (im Unterschied zu irgendwelchen heidnischen Göttern) als Absicht vernünftigerweise zuschreiben könnten.

Um die Frage, ob ein finales Urteil in irgendeiner Weise notwendig ist, zu beantworten, müssen wir eine Schlussfolgerung umkehren, die für sehr lange Zeit völlig selbstverständlich war, nämlich dass ein solches Urteil – das Jüngste Gericht – notwendig ist, weil es einen strafenden Gott gibt. Meines Erachtens verhält es sich genau andersherum: Gott ist notwendig, weil ohne seine Existenz kein solches Urteil möglich wäre. Wir sind uns unserer Sterblichkeit auf vielerlei Weisen bewusst, doch für diejenigen, die die im ersten Kapitel beschriebene religiöse Einstellung haben, ist eine dieser Weisen wesentlich wertender Natur. Weil wir sterblich sind, glauben wir, dass es einen Unterschied macht, wie wir leben; es spielt eine Rolle, was jemand aus seinem Leben macht, wie man so schön sagt. Wir betrachten unser Leben insgesamt als etwas, das wir durch unsere Entscheidungen und unser Geschick selbst gestaltet haben, und wir möchten, dass dieses »Werk« ein gutes ist. Natürlich teilt nicht jeder diese religiöse Haltung, zumindest nicht bewusst; tatsächlich stehen viele Menschen dem Gedanken, dass ein Leben gut oder schlecht sein kann, statt einfach nur lang oder kurz, erfreulich oder elend, skeptisch gegenüber. Doch diejenigen, die sich diese Haltung zu eigen machen, brauchen einen Standard, an dem sie sich bei ihren ethischen Bestrebungen orientieren können. Für diese Menschen hat der Sixtinische Gott sofort eine Antwort parat. In den heiligen Texten hat er die Regeln guter Lebensführung festgelegt und aus Sicht der Frommen antwortet er gelegentlich sogar direkter: via religiöser Eingebung oder wenn sie sich in ihren Gebeten an ihn wenden. Wenn wir eine gute Lebensführung als Zweck an sich begreifen, besteht die erste und wichtigste Funktion dieses Gottes nicht darin, zu belohnen oder zu bestrafen, sondern zu lehren, zu leiten und zu urteilen. Menschen, die an den Sixtinischen Gott glauben, wissen in ihrem Innersten und durch seine Gnade, was ein genuin erfolgreiches Leben ausmacht.

Doch selbst diese Gläubigen haben mit dem Dilemma zu kämpfen, das Platon im *Euthyphron* beschrieben hat. Legt der Sixtinische Gott Kriterien eines guten Lebens einfach *per fiat* fest? Wenn das der Fall ist, reicht es nicht aus, einfach diesem Fiat zu entsprechen, um sicher zu sein, dass man ein gutes Leben geführt hat. Wir haben dann lediglich das getan, was unser Gott von uns verlangt hat. Damit mögen wir zwar jetzt und mit Blick auf die Ewigkeit auf der sicheren Seite sein, aber mit Moral oder Ethik hat das nichts zu tun. Oder gibt es vielleicht einen unabhängigen, objektiven Standard gelungener Lebensführung? In diesem Fall hätte der Sixtinische Gott nur eine Meinung unter vielen darüber, was dieser Standard besagt. Vielleicht sind wir der Auffassung, dass seine Meinung höchstwahrscheinlich besser ist als unsere eigene. Doch der springende Punkt ist nicht, wie es um seine diesbezügliche Expertise bestellt ist, sondern dass wir nach einer solchen Expertise überhaupt nur sinnvoll fragen können, wenn wir bereits davon überzeugt sind, dass es eine solche objektive ethische und moralische Wahrheit gibt. Und diese vorgängige Überzeugung hängt nicht von theistischen Vorannahmen ab. Sie steht also auch dem Atheisten zur Verfügung – vorausgesetzt, er ist ein religiöser Atheist.

Damit sind wir am entscheidenden Punkt angelangt. Für das Bestreben, ein gutes Leben zu führen, ist die Überzeugung von absolut grundlegender Bedeutung, dass es – objektiv gesehen – eine richtige Weise, ein Leben zu führen, gibt. Sie macht den Kern dessen aus, was ich im ersten Kapitel als religiöse Haltung zum Leben beschrieben habe, und sie steht einem Naturalisten nicht zur Verfügung, der ja glaubt, dass die Wirklichkeit nur aus Materie und Geist besteht – dass Werte entweder Täuschungen oder Fiktionen sind, die aus Materie und Geist konstruiert sind. In dieser sehr grundlegenden Hinsicht sind sich religiöse Theisten und Atheisten einig. Denn für dieses Gespür für Werte, das sie eint, ist es unerheblich, ob Gott existiert oder nicht. Was sie trennt, ist die wissenschaftliche Komponente ihres Glaubens: Sie sind verschiedener Meinung darüber, wie sich die Wahrheiten über Materie und Geist am besten erklären lassen. Daraus lässt sich aber keinesfalls folgern, dass sie auch bei den Wahrheiten über Werte verschiedener Meinung sind.

Was gilt als Unsterblichkeit? Dem Wortsinne nach bedeutet es, ewig am Leben zu bleiben, vielleicht auf dem Olymp oder gar in der eigenen Wohnung. Aber nichts und niemand wird uns das schenken, noch nicht einmal ein wohlwollender Sixtinischer Gott. Die, die ihm folgen, sprechen zwar von einem Leben im Himmel, doch wirklich verstehen können wir das nicht. Es ist reine Verneinung – wir werden nicht zu nichts –, die somit keine Theorie der Unsterblichkeit ist, sondern lediglich Raum für eine solche lässt. Ich habe mir ja gerade eine Möglichkeit ausgemalt, wie es weitergehen könnte, habe mir Quanten von mentalem Stoff vorgestellt, die einst Teil von Ihnen waren und nun ins Universum freigelassen sind. Wir können beschließen, dass dies oder etwas von dieser Art als Unsterblichkeit zählt. Aber warum sollten wir? Eine plausible Vorstellung von Unsterblichkeit, die wir akzeptieren können, muss sie zu etwas machen, das wir erstrebenswert finden – das einen Wert für uns hat. Für herumschwirrende mentale Quanten gilt das nicht.

Was käme sonst in Frage? Der eingangs erwähnte Bewunderer von Woody Allen hatte vielleicht zwei ganz unterschiedliche Dinge im Sinn. Zum einen, dass Allen, ebenso wie Homer oder Shakespeare, noch viele Jahrhunderte lang verehrt werden wird. Doch es könnte auch anders kommen: So beachtlich seine Leistungen auch waren und sind, er könnte in Vergessenheit geraten, wie es vermutlich vielen genialen Komikern ergangen ist, die zu ihren Lebzeiten gefeiert wurden. Und natürlich wird auch der Ruhm der Giganten Homer und Shakespeare verschwinden, wenn die Evolution neue Spezies hervorbringt, die sich nicht für Dichtung interessieren, oder unser Planet verglüht. Womöglich wollte Allens Bewunderer aber auch. etwas ganz Anderes zum Ausdruck bringen, nämlich keine Vorhersage, sondern eine Beurteilung. Vielleicht meinte er, dass dessen Filme von zeitlosem Wert sind, an dem weder die Evolution noch die Geschichte, noch das Schicksal etwas ändern können. Wie andere Kunstwerke auch stellen sie schon allein dadurch, dass sie gemacht wurden, eine unvergängliche Errungenschaft dar, ganz gleichgültig, ob sie auch in Zukunft bewundert werden oder überhaupt erhalten bleiben.

Genau so könnten wir ein Leben betrachten. Die Dichter der Romantik forderten uns dazu auf, Kunstwerke aus unseren Leben zu machen. Vielleicht dachten sie dabei nur an Künstler oder andere besonders kreative Menschen. Ich meine jedoch, dass sich das auf jedes Leben übertragen lässt, das in dem Bewusstsein gelebt wird, dass es ein nach sinnvollen Maßstäben gutes Leben ist.

> Finden Sie diesen Gedanken albern? Oder einfach nur gefühlsduselig? Wenn man etwas Kleines meistert, wenn es uns gelingt, einer Melodie, einer Rolle oder den Spielkarten, die wir auf der Hand haben, gerecht zu werden, wenn wir jemanden mit einem Trick oder einem Kompliment überraschen, wenn wir einen Stuhl zimmern, ein Sonett schreiben oder lieben –, dann fühlen wir eine Zufriedenheit, die in sich abgeschlossen ist. All diese Leistungen gehören zum Leben dazu. Warum sollte nicht auch ein Leben selbst als eine solche eigenständige Leistung begriffen werden können, deren spezifischer Wert darin zum Ausdruck kommt, ob man sozusagen ein guter Lebenskünstler ist?[1]

Wenn wir eine solche Leistung als erstrebenswert empfinden, und ich denke, das sollten wir, dann könnten wir darin eine Art von Unsterblichkeit erkennen. Wir können dem Tod mit der Gewissheit entgegensehen, dass wir angesichts der größten Herausforderung, vor die sterbliche Wesen gestellt sind, etwas Gutes zustande gebracht haben. Vielleicht genügt Ihnen das nicht – und nimmt Ihnen

---

1 Hier zitiere ich mich selbst: *Gerechtigkeit für Igel*, Berlin 2012, Kap. 9, S. 336.

rein gar nichts von Ihrer Furcht. Es ist aber die einzige Art von Unsterblichkeit, die wir uns ausmalen oder jedenfalls die einzige, die wir überhaupt anzustreben berechtigt sind. Wenn irgendeine Überzeugung religiös ist, dann diese. Sie steht Ihnen offen, gleichgültig, für welches der beiden Lager der Religion Sie sich entscheiden: das mit oder das ohne Gott.

Register

143